Inhaltsverzeichnis

An die Leserin und den Leser

Die Tränen, die die Jugend über Werther weinte, kamen aus
überall gepresstem Herzen. Sie waren unbefriedigte Wünsche,
gehemmte Tätigkeit, gehindertes Glück, erbittertes Leid.

Ernst Bloch, Das Prinzip Hoffnung[1]

Liebe Leserin, lieber Leser!

„Schicke mir doch den Werther [...], ich brauche ihn", so
schrieb die unglücklich verliebte zwanzigjährige Dichterin
Karoline von Günderrode an ihre Schwester Charlotte im
August 1800. Ihr damaliger Geliebter, Friedrich Carl von
Savigny, hatte den „Werther" freilich auch gelesen und
schrieb an Karoline: „Man spricht viel von den Leiden des
jungen Werther, aber andere Leute haben auch ihre Leiden
gehabt, sie sind nur nicht gedruckt worden."[2]
Beide Äußerungen markieren Einschätzungen des 1774 er-
schienenen „Werther"-Romans, die bis in die Gegenwart
hinein immer wieder so oder ähnlich vorkommen: Die einen „brauchen" diesen Roman, er scheint unverzichtbar zu
sein, hat eine solch existenzielle Bedeutung, dass er geradezu als Lebensbegleiter – zumal in einer Situation des unglücklich Verliebtseins – angesehen wird; die anderen stö-
ren die als überspannt eingeschätzte Gefühlsbetontheit
und die als übertrieben empfundene Ausdrucksweise, die
„Leiden" Werthers werden als für die breite Öffentlichkeit
unerheblich angesehen.
Ungeachtet solcher subjektiver Bewertungen hat der „Werther"-Roman jedoch eine unverkennbare (literatur-)
geschichtliche bzw. kulturelle Bedeutung. Die Thematik

---

[1] Ernst Bloch, Das Prinzip Hoffnung. Dritter Band, 1. Auflage, Frankfurt
am Main 1973
[2] „Ich sende dir ein zärtliches Pfand." Die Briefe der Karoline von Günderrode, hrsg. und mit einer Einleitung versehen von Birgit Wei-
ßenborn, Frankfurt am Main und Leipzig 1992, S. 71 und S. 109.

des Werkes ist gerade für junge Menschen wichtig, handelt der Roman doch von dem Anspruch eines jungen Mannes auf Selbstverwirklichung, von seinen Erwartungen an die Gesellschaft, seinem Freiheitsbedürfnis angesichts ständig erfahrbarer Einschränkung durch gesellschaftliche Konventionen und Ordnungen, von dem Recht auf Selbstzerstörung des Individuums durch Selbstmord, von seinem Verhältnis zur Natur als einem alternativen Raum zu zivilisatorischer Ordnung und vor allem von der Tragik unglücklicher Liebe, in der sowohl die schöne, verführerische als auch die düstere, zerstörerische Seite der Liebe aufscheinen. Darüber hinaus stellt der „Werther"-Roman aufgrund dieser überzeitlich wichtigen Aspekte nicht nur ein bedeutendes Werk der Weltliteratur dar, sondern er ist der größte Prosaerfolg eines der weltweit bekanntesten deutschen Dichter: Johann Wolfgang Goethes. Der Roman repräsentiert also auch in gewisser Weise Goethes individuellen Gestaltungswillen und gibt damit Auskunft über den biografischen und zeitgeschichtlichen Hintergrund, über den Zusammenhang von Literatur und Leben.

Der vorliegende Band soll Ihnen dabei helfen, diese historischen Zusammenhänge und Hintergründe zu erschließen und damit ein vertieftes Verständnis des Romans zu gewinnen. Dazu werden Ihnen sowohl Informationen als auch Methoden an die Hand gegeben, mithilfe derer die Bedeutung des Werkes Konturen gewinnt. Eine Inhaltsangabe mit Deutungsansätzen sowie die Darstellung der Personenkonstellation sollen Ihnen das Textverständnis erleichtern; biografische, literatur- und erzählgeschichtliche Hinweise geben Ihnen einen Überblick über die wichtigsten Hintergründe. „Tipps und Techniken" vermitteln Ihnen Merkmale verschiedener Aufsatzarten in Bezug auf den „Werther"-Roman. Zur Vorbereitung auf die Abiturprüfung werden exemplarisch einige Schwerpunktthemen sowohl inhaltlich als auch methodisch erschlossen. So kann dann das

Bedeutungspotenzial des Romans erkannt werden, das Sinn für die Möglichkeiten Ihrer eigenen Lebensgestaltung wie auch für die Gestaltung der Umwelt, der Natur und der Gesellschaft weckt.

Viel Freude beim Lesen, Nachdenken und Verstehen wünscht

Hendrik Madsen

Der Inhalt im Überblick

Werther, ein junger, vielseitig gebildeter und gefühlsbe-
tonter Mensch, hält sich in einer kleinen Stadt auf, um Erbschaftsangelegenheiten für seine Mutter zu regeln. Dieser
Auftrag kommt ihm durchaus gelegen, denn er will sich
zugleich von der Erinnerung an ein Mädchen namens Leonore befreien, die ihm gegenüber wohl Liebe empfunden
hat. Werther hat diese Liebe jedoch nicht erwidern können.

Er hält sich immer mehr in der freien Natur auf, erfreut sich
an ihrer Schönheit, unternimmt längere Wanderungen
durch die Felder und Wälder der Umgebung. Bei diesen
Ausflügen in die Umgebung des kleinen Ortes Wahlheim
begegnet er einfachen Leuten, insbesondere zu deren Kindern unterhält er ein freundschaftliches Verhältnis. Er führt
immer ein Buch des altgriechischen Dichters Homer[1] und
einen Skizzenblock mit sich, auf dem er seine Eindrücke als
Zeichnung festzuhalten versucht.

Als er sich in Gesellschaft mehrerer junger Leute auf dem
Weg zu einem ländlichen Ball befindet, beschließt man,
Charlotte S., die Tochter des Amtmannes, mitzunehmen.
Als Werther Charlotte, die von nun an Lotte genannt wird,
zum ersten Mal erblickt, entwickelt er tiefe Gefühle für sie.
Von diesem Zeitpunkt an nutzt er jede Gelegenheit, um
Lotte zu treffen. Er bekommt mit, wie sie ihren jüngeren
Geschwistern liebevoll die verstorbene Mutter ersetzt und
wie sie sich aufopfernd um ihre Freundinnen kümmert.
Lotte und Werther unternehmen oftmals gemeinsame Spa-
ziergänge; dort zeigt sich, dass Lotte Zuneigung zu ihm
empfindet, obwohl sie mit Albert, einem strebsamen und
gewissenhaften Mann, so gut wie verlobt ist. Werther ver-

---

[1] Homer: griechischer Dichter (um 800 v. Chr.), Autor der Versepen
„Ilias" und „Odyssee"

drängt jedoch diese Tatsache und meint im Zustand höchsten Verliebtseins nur dann zu leben, wenn er Zeit mit Lotte verbringe. Als Albert von einer Reise zurückkehrt, entwickelt sich allerdings ein durchaus freundschaftliches Verhältnis zwischen ihm und Werther.

Schließlich merkt Werther, dass er immer mehr unter seiner Liebe leidet, da er Lotte niemals ganz für sich gewinnen kann. Daher folgt er dem Rat seines Freundes Wilhelm, zu dem er regelmäßigen Briefkontakt pflegt, die von ihm geliebte Frau zu verlassen und eine Stelle beim Minister am Hof anzunehmen. Dort muss er mit einem Gesandten zusammenarbeiten, dessen bürokratische Art Werther aber zutiefst verabscheut. Von der adligen Welt wird er als Bürgerlicher abgelehnt. Dies muss er auf einem Empfang schmerzlich erfahren. Daher kündigt er und hält sich anschließend noch eine kurze Zeit beim Fürsten auf, dessen wohlwollende Gastfreundschaft er genießen kann. Doch Werther ist auch dort nicht glücklich und bricht auf, um wieder in der Nähe seiner geliebten Lotte sein zu können.

Diese hat inzwischen Albert geheiratet – ein Umstand, mit dem Werther nicht leben kann. Seine Liebe nimmt immer verzweifeltere Formen an, er wertet schließlich sogar die Beziehung zwischen Lotte und Albert ab, da er meint, dass dort keine Liebe herrsche. Diese Einschätzung belastet das eigentlich freundschaftliche Verhältnis zwischen Werther und Albert. Werther hält es für unmöglich, dass alle drei glücklich zusammenleben können, und er beschließt seinen eigenen Tod.

Er eilt ein letztes Mal zu Lotte, um Abschied zu nehmen. Bei diesem Treffen kommen sich beide, nachdem sie gemeinsam die Ossian-Dichtungen[1] gelesen haben, auch körperlich nahe: Werther schließt seine Geliebte in seine Arme

---

[1] Ossian-Dichtungen: Dichtungen des schottischen Dichters James Macpherson (1736–1796)

und küsst sie verzweifelt. Am nächsten Tag schickt er seinen Diener, um Albert um dessen Pistolen zu bitten, die Werther angeblich für eine Reise braucht. Lotte händigt dem Diener mit zitternder Hand die Pistolen aus, denn sie ahnt, dass sie mit dieser Handlung Werther bei seinem letzten Schritt geholfen hat.

Am Abend zieht sich Werther mit einer Flasche Wein in sein Zimmer zurück. Sein Diener findet ihn am Morgen schwer verletzt; bald darauf stirbt Werther. Handwerker tragen den Sarg zu Grabe, Albert und Lotte bleiben fern. Auch „[k]ein Geistlicher hat ihn begleitet" (S. 128, Z. 16)[1].

---

[1] Sämtliche Stellenangaben beziehen sich auf die im Literaturverzeichnis angeführte Textausgabe des Schöningh Verlags.

Die Personenkonstellation

Obwohl im „Werther"-Roman zahlreiche Figuren vorkommen, sind doch nur wenige von ihnen als eigentliche Charaktere gezeichnet. Gleichwohl entsteht in Werthers Briefen indirekt folgende Personenkonstellation, die zugleich ein Gesellschaftsbild darstellt:

ADLIGE:	Fürst	Graf C.	Fräulein von B.	Gesandter

BÜRGERLICHE:

Förderer

Amtmann (Lottes Vater)

Vorgesetzter

Bekannter

Bekannte

Pfarrer, Lehrer, Arzt

Wilhelm

Mutter

Bekannte

Sohn

ähnliches Schicksal

enger Freund

Untergebener

Lotte ⟷ Ehe ⟷ **Albert**

Bekannte

Förderer

Liebe

Wertschätzung, Eifersucht

ähnliches Schicksal

Werther

PERSONEN VON NIEDEREM STAND: Schreiber Diener (Bauernbursche)

Während die meisten Figuren in ihren gesellschaftlichen Funktionen erscheinen, sind vier Figuren so dargestellt, dass sie eine besondere, akzentuierte Persönlichkeitsstruktur gewinnen: **Werther** als Briefeschreiber und somit dominierende Erzählinstanz, da er sich und seine Wirklichkeitssicht und Gefühlswelt offenbart, **Wilhelm** als (fiktiver [erdichteter]) Adressat dieser Briefe, dessen Reaktionen auf Werthers Ausführungen den Brieftexten indirekt entnehmbar sind, **Lotte** als Ziel der Liebe Werthers und schließlich **Albert** als Lottes Verlobter bzw. Ehemann.

Inhalt, Aufbau und erste Deutungsansätze

Handlungsstruktur

	Erster Teil (S. 7–67)		Zweiter Teil (S. 68–128)	
Kommu-nikations-struktur	Heraus-geber: Vorwort	Briefe an Wilhelm (4. Mai – 10. September 1771), Fußnoten des Herausgebers (S. 15, 23 f., 37)	Briefe an Wilhelm, Lotte und Albert (20. Oktober 1771 – 17. Dezember 1772, S. 69–102), Fußnote des Herausgebers (S. 76)	Herausgeber an den Leser, Herausgeberbe-richt, Briefe, Noti-zen Werthers und Ossian-Auszüge (S. 102–128)

Handlungsstruktur:

glückliche Tage in Wahlheim — 30. Juli Ankunft Alberts

Werther liebt und hofft

10. Mai Natur als Glück — 18. Aug. Natur als Unheil

Werther zweifelt und leidet

4. Mai (Ankunft nach Flucht) — 10. Sept. Abreise

18. Juni Rückkehr zu Lotte

Werther liebt und leidet

20. Jan. Frl. v. B.

24. März Entlassung vom Hofe

Selbstmord-entschluss (21. Dez.)

Werther verzweifelt

Tod

| Zeit- und Raum-struktur | | 1771 Frühjahr – Sommer (Dehnung) Wahlheim und Umgebung | 1772 Herbst – Winter – Frühjahr – Sommer – Herbst – Winter (Raffung) Bei Hofe, Heimat, Wahlheim und Umgebung | Winter (Dehnung) Wahlheim und Umgebung |

Erzählinstanzen

Im „Werther"-Roman sind verschiedene Erzählinstanzen zu unterscheiden, die außerdem zum Teil als Figuren auftreten: Die Titelfigur Werther erscheint als Verfasser der Briefe in der Ich-Form; bedingt durch diese erzählerische Darbietungsweise rücken daher besonders die Figuren Lotte und Albert in den Mittelpunkt seiner Darstellung. Zudem tritt die übergeordnete Erzählinstanz eines anonymen auktorialen Erzählers auf, der sich, ebenfalls in der Ich-Form, als Herausgeber in einzelnen Zwischenpassagen (als Sammler und Ordner der Briefe Werthers) vorstellt und zu Wort meldet.

Fiktiver Erzähler ⟶ (Werther)	Fiktiver Adressat (Wilhelm)	Textinterner Bereich
Fiktiver Herausgeber ⟶ (z. B. im Vorwort)	Fiktiver Leser	
Realer Autor ⟶ (Goethe)	Realer Leser	Textexterner Bereich

Strukturierte Inhaltsangabe mit Deutungsansätzen

Die Anordnung der einzelnen Briefe durch den fiktiven Herausgeber ist im Wesentlichen chronologisch angelegt; die erzählte Zeit reicht insgesamt vom 4. Mai 1771 bis zum 23. Dezember 1772, wobei der letzte vollständige Brief auf den 20. Dezember 1772 datiert ist.

Erzählte Zeit

Darüber hinaus ist der Textkorpus in zwei Teile etwa gleichen Umfangs unterteilt worden, wobei im zweiten Teil noch weitere Textsorten versammelt sind, etwa ein längerer Herausgeberbericht, Notizen Werthers und auch Auszüge aus den Ossian-Dichtungen.

Allgemeine Anordnung der Briefe

Erster Teil

Ein erster thematischer Schwerpunkt zeigt sich in den Briefen aus dem Frühsommer 1771: Die zu diesem Zeitraum gesammelten Briefe haben eine einführende (expositorische) Funktion, da sie den fiktiven Adressaten Wilhelm und damit auch den Leser über die Ausgangssituation in Kenntnis setzen.

4. Mai bis 27. Mai 1771

Die Briefe aus dem Mai 1771 beginnen mit Fluchtgedanken: „Wie froh bin ich, dass ich weg bin!" (S. 7, Z. 14). Diese beziehen sich gleich auf mehrere Bereiche der bürgerlichen Verhältnisse: Zum einen zieht sich Werther von Leonore zurück, einer jungen Frau, deren Gefühle er offensichtlich nicht erwidern konnte; in diesem Zusammenhang erscheint er noch recht selbstsicher, da er für sich beschlossen hat, das Gegenwärtige zu genießen und das Vergangene vergangen sein zu lassen (vgl. S. 7, Z. 32f.). Zum anderen berichtet Werther über seine Tätigkeit: Er habe Erbschaftsangelegenheiten für seine Mutter zu erledigen, was er möglichst schnell hinter sich bringen wolle.

Auch die Stadt ist ihm unangenehm (vgl. S. 8, Z. 29), wohl fühlt sich Werther hingegen in Wahlheim und Umgebung. Er entwickelt sogar Glücksgefühle angesichts der unmittelbaren Naturerfahrungen, die er macht.

In dem genannten Auszug deuten sich bereits einige Konfliktfelder an, die sich im weiteren Verlauf der Handlung verstärken werden: Werthers grundlegende Abneigung gegenüber allen formalen Angelegenheiten und einschränkenden bürgerlich-gesellschaftlichen Regelungen und Normen zeigt sich schon darin, dass er nicht gewillt ist detaillierter über die Abwicklung der Erbschaftsangelegenheiten zu schreiben (vgl. S. 8, Z. 14–16), weil er diesen offensichtlich nur eine geringe Bedeutung beimisst. Er äußert sich wiederholt spöttisch über alltägliche Verhaltensweisen, etwa wenn er feststellt, dass die meisten Menschen leben würden, um zu arbeiten, und Freizeit sie ängstige (vgl. S. 12, Z. 21–23). Zudem stellt Werther schon sehr früh fest, dass er auch den bürgerlichen Liebesbegriff als problematisch empfinde, da „alle Regel [...] das wahre Gefühl von Natur und den wahren Ausdruck derselben zerstören" (S. 17, Z. 12–14) müsse; „menschlich lieben" (Z. 24) heißt seiner Meinung nach für den Menschen: „mit seiner Liebe ist's am Ende, und wenn er Künstler ist, mit seiner Kunst" (Z. 32 f.). Hier deutet sich eine gewisse Maßlosigkeit hinsichtlich seines Liebesverständnisses an.

Der so abschätzig dargestellten bürgerlichen Welt setzt Werther allerdings auch Alternativen entgegen. So fühlt er sich zu den „geringen Leute[n] des Orts" (S. 11, Z. 14 f.), also zu Menschen, die in der ständisch gegliederten Gesellschaft die untersten Plätze einnehmen, hingezogen; allerdings weiß er, „dass wir nicht gleich sind noch gleich sein können" (Z. 27 f.), und akzeptiert damit indirekt die ständische Ordnung als unveränderbar.

Eine zweite gesellschaftliche Gruppe, die für Werther von Bedeutung ist, sind die Kinder; immer wieder rührt ihn der

Konfliktfelder

Bürgerliche
Gesellschaft ...

... und
Liebesverständnis

Gegenbilder zur
bürgerlichen Welt:

Einfache
Menschen

Kinder

Anblick von Kindern wegen ihres vermeintlich unbedarften und natürlichen Verhaltens zutiefst (vgl. S. 11, Z. 15; S. 16, Z. 23 ff.; S. 18, Z. 16 ff.).

Natur   Ein weiteres Gegenbild deutet sich in Werthers Verhältnis zur Natur an, wenn er etwa im Brief vom 10. Mai von einem Glücksgefühl angesichts der unmittelbaren Naturerfahrung ergriffen wird; seine innere Empfindung der „Heiterkeit" (S. 9, Z. 9) entspricht dabei der äußeren Wahrnehmung des „süßen Frühlingsmorgen[s]" (Z. 10) und seine Naturerfahrung wird zu einem geradezu religiösen Erlebnis, da er die „Gegenwart des Allmächtigen" (Z. 27) verspürt. Werthers Wohlbefinden spiegelt sich also in der Darstellung der Natur wider, denn er hat sich seiner Liebesverstrickungen in Bezug auf Leonore entledigt und die Erbschaftsangelegenheiten geklärt, sodass er nunmehr die Naturerfahrung religiös überhöht und die Natur als Raum der Freiheit wahrnimmt. Diese unmittelbare Naturerfahrung könne nicht einmal durch das Mittel der Kunst zum Ausdruck gebracht werden: „Ich könnte jetzo nicht zeichnen, nicht einen Strich, und bin niemalen ein größerer Maler gewesen als in diesen Augenblicken." (S. 9, Z. 15–17)

Vorausdeutung: Besonders gerne hält Werther sich in Wahlheim auf, dort
Die Linden   genießt er die dörfliche Idylle und liest den antiken Schriftsteller Homer. „[W]as" für ihn dort „über alles geht, sind zwei Linden, die mit ihren ausgebreiteten Ästen den kleinen Platz vor der Kirche bedecken"; so „vertraulich, so heimlich [i. S. v. heimatlich] hab ich nicht leicht ein Plätzchen gefunden" (S. 16, Z. 12–17). Die Linde hat schon seit der Literatur des Mittelalters einen Platz der Liebe bezeichnet, an dem das Liebespaar sich oft (heimlich) trifft. Werther hält sich zwar allein in der Nähe der Linden auf, die Liebesthematik wird jedoch zum einen durch den traditionellen Topos (Ort) angedeutet und zum anderen sogar ausdrücklich durch die Tatsache, dass Werther dort den natürlich-liebevollen Umgang zweier Kinder miteinander beobach-

tet hat und dadurch zu der bereits genannten Reflexion über die Problematik des bürgerlichen Liebesbegriffs angeregt wird (s. o.). Ferner ist es bezeichnend, dass Werther am Schluss des Romans diesen Ort für sein Begräbnis bestimmt: „Auf dem Kirchhofe sind zwei Lindenbäume, hinten im Ecke nach dem Felde zu, dort wünsch ich zu ruhen." (S. 125, Z. 33 – S. 126, Z. 1) Insofern ist dieser Topos am Anfang des Romans als Vorausdeutung für die unglückliche Liebe anzusehen, denn unter den beiden Linden treffen sich nicht die Liebenden, sondern dort ist später Werthers Grab.

16. Juni bis 29. Juni 1771

Aus dem Juni 1771 liegen vier Briefe vor, von denen der erste vom 16. Juni zugleich der längste ist. In ihm wird von der ersten Begegnung von Werther und Lotte und von einem gemeinsamen Besuch auf einem Ball erzählt. Die Ausführlichkeit der Darstellung in diesem ersten Brief verweist bereits auf die Gefühlsintensität, von der Werther ergriffen ist; dies deutet sich schon am Anfang seines Briefes durch seinen besonderen Stil, hier: den Satzbruch (Anakoluth), an: „[…] ich habe eine Bekanntschaft gemacht, die mein Herz näher angeht. Ich habe – ich weiß nicht." (S. 20, Z. 4–6)

Er hat die bereits verlobte Charlotte S., sonst in der Kurzform ihres Namens Lotte genannt, inmitten einer Schar von Kindern kennengelernt und ist sowohl von ihrer Erscheinung als auch von ihrem Verhalten fasziniert: Lotte ist ein Mädchen „von schöner mittlerer Taille, die ein simples weißes Kleid mit blassroten Schleifen an Arm und Brust" (S. 22, Z. 9 f.) trägt. Den Kindern teilt sie Brotscheiben aus und demonstriert so auch ein gewisses Maß an geradezu mütterlicher Fürsorge.

Werthers Begegnung mit Lotte

Werthers erste Begegnung mit Lotte (Radierung von D. Chodowiecki, 1776)

Werthers Verliebtheit Auf der gemeinsamen Kutschfahrt zum Ball spricht Lotte über ihren Literaturgeschmack und Werther muss seine „Bewegungen über diese Worte zu verbergen" (S. 24, Z. 19f.) suchen. Werthers Verliebtheit zeigt sich besonders während der Tanzszene auf dem Ball, als er nämlich das Gefühl hat, dass „alles ringsumher" verginge (S. 26, Z. 27) und Außenstehende seine Befindlichkeit schon wahrnehmen und versuchen durch Gesten und durch das Nennen des Namens „Albert" darauf hinzuweisen, dass Lotte verlobt ist (vgl. S. 27, Z. 14–16). Als dann ein Gewitter losbricht, das zur allgemeinen Verwirrung führt, stehen Werther und Lotte am Fenster und schauen sich das Naturspektakel an. Auch hier spiegelt die durch den Fensterblick wahrgenommene Natur die innere Befindlichkeit der Werther-Figur wider, und Lotte ist es, die durch ihren Blick, der nicht mehr auf die Natur außen, sondern jetzt auf die Person neben ihr gerichtet ist, diesen Zusammenhang verstärkt.

Als sie dann noch „Klopstock!" (S. 29, Z. 28) ruft – dies ist der Name eines Dichters der Empfindsamkeit, dessen Werk intensiv Innerlichkeit und Freundschaft thematisiert –, deutet Werther dies als Ausdruck von Zuneigung bzw. Seelenverwandtschaft und küsst Lottes Hand. Dabei vergießt er die „wonnevollsten Tränen" – die Naturdarstellung erfolgt ähnlich, denn draußen ist „herrliche[r] Regen" (S. 29, Z. 31 und Z. 22) zu beobachten.

Körperliche
Annäherung

Als Lotte Werther nach dem Ball zugesteht, dass sie sich noch am selben Tag sehen können, wird Werther von Euphorie[1] erfasst und idealisiert sogar Wahlheim, wo er sich inzwischen niedergelassen hat, als „nahe am Himmel" (S. 30, Z. 33 f.) gelegen. Bei Besuchen, die er Lotte abstattet, spielt er so ausgelassen mit ihren Geschwistern, dass sein Treiben das Missfallen des anwesenden Doktors erregt: Werthers überschwängliche Gefühlsbetontheit und Ausgelassenheit widerspricht der Haltung des strengen Vernunftmenschen. Die bereits am Anfang angelegte Konfliktebene von Natürlichkeit (der Kinder bei ihrem Spiel) und bürgerlich kühler Rationalität[2] findet also an dieser Stelle ihre Fortsetzung. Gleichwohl ruft Werthers Liebe zu Lotte seine Sehnsucht nach einer echten Heimat hervor, die sich in seinen Gedankengängen freilich als eine durchaus bürgerliche konkretisiert, wenn er davon spricht, dass der „unruhigste Vagabund" sich letztlich doch ein Leben „in seiner Hütte, an der Brust seiner Gattin, in dem Kreise seiner Kinder und der Geschäfte zu ihrer Erhaltung" (S. 31, Z. 28 – 31) wünsche.

Weitere Besuche
Werthers bei
Lotte

1. Juli bis 30. Juli 1771

Die doppeldeutige Verbindung von Abgrenzung gegenüber der kühlen Rationalität und Sehnsucht nach Gebor-

---

[1] Euphorie: augenblickliche, heitere Gemütsstimmung
[2] Rationalität: Vernunftbestimmtheit

genheit ist auch in den Briefen aus dem Juli 1771 bestimmend: Bei einem Besuch Werthers und Lottes beim Pfarrer von St. treffen sie dessen Tochter Friederike und ihren Liebhaber, Herrn Schmidt. Da Werther sich zu angeregt mit Friederike unterhält, wird Herr Schmidt eifersüchtig. Werther verurteilt dieses Verhalten. So kommt es am Abend zu einem Gespräch, in dem er sich deutlich gegen „üble Laune" (S. 36, Z. 3) ausspricht, die er für eine Form von „Trägheit" (Z. 21) hält. Als Herr Schmidt ihm widerspricht, geht Werther sogar noch weiter und vertritt die Ansicht, dass üble Laune auch anderen die Freude verderbe. Friederike muss aufgrund dieser Aussage weinen (vgl. S. 37, Z. 30), was Rückschlüsse auf ihre (unglückliche) Beziehung zu Herrn Schmidt zulässt. Werther wird dadurch jedoch zu einer weiteren Steigerung seiner Argumentation angeregt, indem er die Frage aufwirft, ob man überhaupt in der Lage sei, das Leid eines Freundes zu erkennen und ihm „einen Tropfen Linderung zu geben" (S. 38, Z. 15). Schließlich muss Werther selbst, da er durch diesen Gedanken an einen ungenannten Vorfall erinnert wird, weinend die Gesellschaft verlassen.

Lotte tadelt auf dem Rückweg seine Überempfindlichkeit und Emotionalität, was Werther als weiteren Akt der Zuneigung interpretiert: „Um deinetwillen muss ich leben!" (S. 38, Z. 35) Lottes Fürsorglichkeit, die Werther schon seit der ersten Begegnung sehr beeindruckt hat (s. o.), zeigt sich auch darin, dass sie sich um eine sterbende Freundin kümmert. Er bezieht diese fürsorgliche Seite Lottes zunehmend auf sich, wenn er z. B. in „ihren schwarzen Augen wahre Teilnehmung an [sich] und [seinem] Schicksale" (S. 42, Z. 21–23) abliest. Er kommt daher zu der Überzeugung, „dass sie [ihn] liebt" (Z. 25). In diesem Zusammenhang zeigt sich jedoch auch eine dunkle Seite in Werthers Charakter, wenn er grundsätzlich schon davon spricht, dass er der Teilnahme bedürfe, es ferner Momente gebe, in

Streitgespräch über die „üble Laune"

Lottes Fürsorglichkeit

denen er sich „eine Kugel vor'n Kopf schießen möchte" und seine „Seele" manchmal von „Irrung und Finsternis" (S. 43, Z. 30–32) befallen sei.

Doch durch Lotte meint Werther, solche Gedanken bannen zu können, seine Verliebtheit steigert sich immer mehr, sodass er sogar den Wunsch seiner Mutter ablehnt, mit einem Gesandten an den Hof zu gehen. Er begründet dies damit, dass er die Unterordnung nicht sehr liebe und auch das bürgerliche Verständnis von Aktivität, das seine Mutter hat, nicht teilen kann. Er hält sich im Ausleben seiner Liebe hingegen auf seine Art für aktiv (vgl. S. 45, Z. 4–9). Auch seine künstlerische Tätigkeit leidet unter seinem Verliebtsein, denn er ist nicht in der Lage, Lottes Porträt zu zeichnen, was umso mehr auf die tief gehende Liebe zu ihr verweist, die keine Abbildung zulässt. Zu diesem Zeitpunkt hat Werther außerdem den Eindruck, eben weil er sich über alle Reglementierungen hinwegsetzt, mit der Natur ganz eins zu sein (vgl. S. 45, Z. 20 f.). Trotzdem erinnert sich Werther an das Märchen vom „Magnetenberg", das seine Großmutter erzählt hatte. Diese Erinnerung verweist einerseits auf die große Kraft der Liebe, durch die sich der Liebende immer wieder zur Geliebten hingezogen fühlt, andererseits wird durch die Tatsache, dass die Schiffe am Berg zerschellen und die Seeleute umkommen, auch vermittelt, dass eine solch ungeheure Liebe eine (selbst-)zerstörerische Seite hat.

Damit ist bereits die „dramatische Wende" eingeleitet, denn am 30. Juli kommt Albert, Lottes Verlobter, zurück. Zunächst jedoch empfindet Werther Albert als durchaus angenehmen Menschen und Gesprächspartner; man unternimmt gemeinsame Spaziergänge und Albert lässt weitere Treffen Werthers mit Lotte zu.

8. August bis 30. August 1771

Werther versucht, seine quälende Eifersucht auf Albert noch zu verbergen, er äußert sich sogar nachdrücklich po-

Marginalien:
Steigerung der Liebe zu Lotte

Rückkehr Alberts

Werthers Beziehung zu Albert

sitiv über den Verlobten seiner Angebeteten: Albert werde in Wahlheim bleiben und ein „Amt mit einem artigen Auskommen vom Hofe" erhalten, er sei dort „sehr beliebt" und in „Ordnung und Emsigkeit in Geschäften" habe er, Werther, „wenig seinesgleichen gesehen" (S. 50, Z. 1–4).

Gespräch über Selbstmord Eines Tages will Werther zu einem Ritt ins Gebirge aufbrechen und bittet Albert ihm die Pistolen zu leihen, die er bei ihm einmal gesehen hat. Dies ist der Anlass für ein Gespräch über den Selbstmord, in dem es zu einer Auseinandersetzung zwischen Werther und Albert kommt. Darüber hinaus wird in diesem Streitgespräch sehr deutlich, wie unterschiedlich die Bewusstseinsstände der beiden Figuren beschaffen sind: Anfangs weist Albert Werther auf die Gefährlichkeit der Waffen hin, indem er von einem Zwischenfall erzählt, bei dem während des Waffenreinigens einem Mädchen versehentlich der Daumen verletzt wurde. Werther stört sich besonders an Alberts relativierender[1] Art des Formulierens und hält sich als Gegenreaktion die Mündung der Pistolen an die Stirn. Während Albert daraufhin den Selbstmord als töricht und lasterhaft verurteilt, lehnt Werther gerade solche Verurteilungen ab und macht darauf aufmerksam, dass man vielmehr die Ursachen ergründen solle. Daran schließen sich psychologisierende Überlegungen an, in denen Albert Unzurechnungsfähigkeit als Ursache für den Selbstmord noch gelten lässt. Grundsätzlich deutet er aber Suizid als Schwäche, denn ein „Mensch von Verstande" (S. 56, Z. 11) bezwinge gerade solche extremen Gefühle und Leidenschaften. Werther hingegen deutet den Wahnsinn als Ursache des Selbstmords gerade auch als Kennzeichen des außerordentlichen Menschen, des Genies, und die Selbsttötung sei als Akt der Emanzipation zu verstehen: „Ein Volk, das unter dem unerträglichen Joche eines Tyrannen seufzt, darfst du das schwach heißen,

---

[1] relativierend: in seiner Gültigkeit einschränkend

wenn es endlich aufgärt und seine Ketten zerreißt?" (S. 53, Z. 11–14) Während sich also Alberts Sprache nach Werthers Wahrnehmung als inhaltsarm und bürgerlich-konventionell erweist, versucht er selbst angesichts der Selbstmordthematik seine subjektive Gefühlswelt als revolutionären Akt darzustellen, indem er den Vergleich mit dem Aufstand eines Volkes gegen einen tyrannischen Herrscher herstellt. Darum gehen die beiden am Ende des Gesprächs auseinander, „ohne einander verstanden zu haben. Wie denn auf dieser Welt keiner leicht den andern versteht" (S. 56, Z. 20f.).

Damit ist ein grundlegendes Kommunikationsproblem zwischen Werther und Albert angelegt, das sich sowohl auf die Sprachverwendung selbst als auch auf die grundverschiedene Weltsicht der beiden bezieht. Durch den Nachsatz wird dieses spezifische Problem zu einem allgemeinen ausgeweitet, wodurch Werthers Skepsis gegenüber der gesellschaftlichen Wirklichkeit insgesamt deutlich wird.

Verständigungs-schwierigkeiten

Auch die Naturdarstellung Werthers verändert sich dementsprechend: Während er zuvor noch die Natur als Landschaft, als alternativen Raum aufgefasst hat, wird sie nun zu einem „ewig verschlingende[n], ewig wiederkäuende[n] Ungeheuer" (S. 59, Z. 20). Die Landschaft erscheint ihm nicht mehr als „Schauplatz des unendlichen Lebens" (S. 58, Z. 36), sondern als ein „Abgrund des ewig offnen Grabs" (S. 59, Z. 1f.). Der Begriff des Grabes wiederholt sich mehrfach in den folgenden Aufzeichnungen, wenn etwa von „schmähliche[m] Grab" (S. 59, Z. 12) die Rede ist oder Werther als einzige Möglichkeit, das Elend zu beenden, das „Grab" ansieht (S. 62, Z. 27).

Veränderung der Naturdarstellung

3. September bis 10. September 1771

Werthers (Gefühls-)Leben drückt sich zwar in der geschriebenen Form der Briefe aus, zumal er sich in Gesprächen mit Albert und Lotte unverstanden fühlt und seine wahre Be-

Schreiben als Sich-Begraben

findlichkeit nicht mehr zeigen kann; aber er muss anmerken, dass der „kalte tote Buchstabe diese himmlische Blüte des Geistes" (S. 65, Z. 16f.) nicht darstellen könne. Der Buchstabe ist also „tot" und die etymologische (von der Wortbedeutung ausgehende) Verbindung der Verben „schreiben" und „graben" über das griechische „graphein", was eben „schreiben" bedeutet, stellt auch den Versuch der schriftlichen Mitteilung als einen Akt des Sterbens dar. Dies bestätigt sich im Übrigen dadurch, dass Werther weniger Briefe an Wilhelm schreibt als zuvor, und schließlich kommt es vom 10. September bis zum 20. Oktober gar zu einer längeren Schreibpause.

Werther an seinem Schreibtisch

Werthers Abschied von Lotte und Albert

Obwohl sich Werther noch über die neue Homer-Ausgabe freut, die ihm Albert und Lotte anlässlich seines Geburtstages schenken, ist für ihn klar: „Ich muss fort!" (S. 62, Z. 29) Damit wiederholen sich die Fluchtgedanken vom Anfang des Romans, nur dass Werther jetzt aus eben jener Umgebung fliehen muss, die er anfangs noch als alternativen Raum verstanden hat. Damit deutet sich eine Ausweglosigkeit seiner Situation an, die den Weg in die Selbstauslöschung vorzeichnet. Und wieder sind es die Lindenbäume, die paradoxerweise[1] eben nicht auf die liebevolle Vereinigung, sondern auf die schmerzvolle Trennung am Schluss des ersten Teils verweisen: Werther sieht „noch dort drunten im Schatten der hohen Lindenbäume ihr [Lottes] weißes Kleid nach der Gartentüre schimmern" – das weiße Kleid nun ohne die blassrote Schleife, denn die hat Lotte ihm zum Geburtstag geschenkt –, er streckt noch seine Arme aus „und es verschwand" (S. 67, Z. 6–9). Die nunmehr ganz in Weiß gekleidete Geliebte fügt sich in Werthers durch Todesmetaphorik bestimmte Wahrnehmung ein und seine Liebe, symbolisiert durch die rote Schleife, wird ihm, paradoxerweise gerade als *Geburts*tagsgeschenk, unerwidert „zurückgegeben".

Zweiter Teil

Die Briefe des zweiten Teils dokumentieren Werthers zunehmende Entfremdung von der Gesellschaft. Die Nachricht von Lottes und Alberts Hochzeit leitet schließlich seinen Weg in den Selbstmord ein. Zum Schluss verstummt Werther immer mehr und der fiktive Herausgeber meldet sich zu Wort.

20. Oktober bis 24. Dezember 1771

Die Jahreszeiten, in denen die ersten Briefe des zweiten Teils geschrieben worden sind, setzen bereits das Vorzeichen zum Verständnis des Inhalts: Es geht nämlich um den Zeitraum von Herbst bis Winter 1771/1772; im Herbst beginnt das „Sterben" der Natur, bis sie im Winter als geradezu tot erscheint. Auch Werthers Befindlichkeit wird zunehmend durch Depressionen beeinflusst, denn er ist nun als Sekretär beim Gesandten tätig. Immer wieder stellt er die entfremdende Wirkung dieser Tätigkeit fest, da er nicht mit seinem Vorgesetzten auskommt. Er bezeichnet den Ge-

Werthers Dienst beim Gesandten

---

[1] paradoxerweise: widersprüchlicherweise

sandten als „pünktlichste[n] Narre[n]" (S. 70, Z. 29), als
einen Menschen, der „nie selbst mit sich zufrieden ist
und dem's daher niemand zu Danke machen kann"
(S. 71, Z. 1 f.), er sei „ganz und gar unerträglich" und seine
„Art, zu arbeiten und Geschäfte zu treiben", sei „lächer-
lich" (S. 76, Z. 2–5). Seine Entfremdungserfahrung bringt
Werther damit zum Ausdruck, dass er sich mit einer „Marionette" vergleicht: „Ich spiele mit, vielmehr, ich werde gespielt wie eine Marionette und fasse manchmal meinen
Nachbar[n] an der hölzernen Hand und schaudere zurück."
(S. 75, Z. 7–10) Als einzige positive Erfahrung vermerkt er,

Bekanntschaft
mit dem Grafen C. dass er gut mit dem Grafen C. auskomme, da er ein gewisses Maß an „Empfindung" (S. 70, Z. 18) zeige.

8. Januar bis 20. Januar 1772
Werther richtet auch Briefe an Lotte: In dem Brief vom 20.
Januar wird deutlich, dass er nicht in der Lage ist, die Liebe
Fräulein von B. zu ihr aufzugeben, obgleich er ein Fräulein von B. kennen-
gelernt hat, von dem er sagt, dass es Lotte ähnlich sei.
Auch sein Charakter kommt Werther entgegen, denn es
leide unter der Zugehörigkeit zum Adelsstand und es habe
auch „viel Seele" (S. 75, Z. 20).

17. Februar bis 20. Februar 1772
Im Brief vom 20. Februar wendet er sich an Albert und
Lotte und reagiert somit auf die Nachricht von deren Hoch-
zeit. Damit verhält er sich zwar formal korrekt. Er sagt aber
Nachricht von
Lottes und
Alberts Hochzeit auch, dass er den Schattenriss Lottes an dem Tag ihrer
Hochzeit von der Wand nehme und „sie unter andere Pa-
piere [...] begraben" (S. 76, Z. 31) wolle; dies tut er jedoch
nicht, weil er den Anspruch erhebt, den zweiten Platz in
Lottes Herzen einzunehmen. Auch hier wird deutlich, dass
es Werther nicht gelingt, sich von Lotte zu lösen. Vielmehr
verschafft er sich (geradezu störend) auch in der Beziehung
des verheirateten Paares eine gewisse Anwesenheit.

15. März bis 24. März 1772

Während in Werthers Briefen aus dem ersten Teil des Romans noch deutlich wird, dass er die Ständegesellschaft – Eklat bei der
bei all seiner Vorliebe für die unteren Gesellschaftsschichten Hofgesellschaft
– als gegeben akzeptiert, wird er jetzt mit der Borniertheit
einiger Adliger konfrontiert. Auf einem Empfang des Grafen
C. nehmen die adligen Gäste Anstoß daran, dass ein Bürgerlicher wie Werther anwesend ist, und man fängt an, über ihn
missgünstig zu reden. Werther muss die Gesellschaft verlassen; mit diesem Vorfall kann er jedoch noch gut umgehen,
weil er die gesellschaftlichen Zwänge ohnehin als unerträglich empfindet und daher froh ist, „dass [er] in die freie Luft"
(S. 79, Z. 18) kommt. Als sich aber am nächsten Tag auch
das Fräulein von B. von ihm distanziert, da es fürchtet, durch
den Kontakt zu ihm bei den Adligen in ein schlechtes Licht
gerückt zu werden, wird Werther von seinen Depressionen
eingeholt und er hegt – diesmal explizit – Selbstmordabsichten: „So ist mir's oft, ich möchte mir eine Ader öffnen,
die mir die ewige Freiheit schaffte." (S. 81, Z. 10 f.) Er erkennt also, dass er seinen Freiheitsanspruch nicht gesellschaftlich realisieren kann, daher erwägt er erneut die Flucht
– hier aus dem Leben in den Tod – als Alternative.

19. April 1772

In den folgenden Briefen wird deutlich, dass er sich in der Erneute Flucht-
Tat wiederum auf eine Flucht begibt, allerdings noch nicht gedanken
in den Tod, sondern er kündigt sein Dienstverhältnis beim
Gesandten, wie die Kurznachricht vom 19. April belegt.

5. Mai bis 25. Mai 1772

Anschließend begibt er sich zurück an die Orte seiner Kind- Orte der Kindheit
heit; doch dort findet er nicht mehr die unschuldige Idylle
und Geborgenheit, die er gesucht hat. Vielmehr wird ihm
deutlich, dass das ehemals Erfahrene nicht erneut erlebt
werden kann. Wieder ist es eine „Linde" (S. 82, Z. 30), die

er als Junge voller Zuversicht und Neugierde darauf, was die Zukunft bringen werde, aufgesucht hat. Doch die Liebe, die die Linde traditionell verspricht, hat er eben nicht gefunden und nun steht er vor dem Baum und wird sich des Mangels bewusst. Darum sucht er das Jagdschloss des Fürsten auf und hegt angesichts seiner Überzeugung, dass sein Leben in gewisser Weise gescheitert sei, die Absicht, in den Krieg zu ziehen, was als weiterer Hinweis auf seine Todessehnsucht gedeutet werden kann; doch der Fürst rät ihm von seinem Vorhaben ab.

11. Juni bis 18. Juni 1772

„Untergang"   So kommt Werther unter dem Vorwand, „Bergwerke" (S. 85, Z. 17) besuchen zu wollen, wieder in die Nähe Lottes. Schon das merkwürdige Interesse, „Bergwerke" besichtigen zu wollen, leitet im buchstäblichen Sinne Werthers „Untergang" ein.

29. Juli 1772

Gedankenspiele   Eigentlich beschäftigt Werther nach wie vor nur seine Liebe zu Lotte. Er gibt sich Gedankenexperimenten hin, in denen er durchspielt, wie es wäre, wenn Lotte und er verheiratet wären. In diesem Zusammenhang kommt er zu dem Ergebnis, dass Lotte mit ihm „glücklicher geworden" (S. 85, Z. 32) wäre als mit Albert.

4. August bis 21. August 1772

Rückkehr nach Wahlheim und Umgebung   Die ersten Eindrücke, die Werther in der Umgebung seines einst so geliebten Wahlheims wahrnimmt, zerstören jegliche Zuversicht. Seine Erfahrung ist hier also ähnlich wie bei der Rückkehr zu den Orten seiner Kindheit. So trifft er z. B. die Tochter des Schulmeisters – bezeichnenderweise „unter der Linde" (S. 86, Z. 15) – wieder, muss jedoch feststellen, dass sein früheres idyllisches Bild einer heilen Familie, das er mit der jungen Frau verbunden hat, gänzlich zerstört worden ist. Denn ihr jüngster Sohn Hans ist verstorben und aufgrund des beruflichen Misserfolgs ihres Mannes, der im Übrigen erkrankt ist, ist die Familie auf Zuwendungen angewiesen.

3. September bis 15. September 1772

Werthers Liebe zu Lotte wird schließlich in jeder Hinsicht total: Er schließt einerseits aus, dass ein anderer Lotte lieben könne bzw. dürfe, und er selbst gibt zu erkennen, dass sein ganzes Denken und Fühlen nur von seiner Liebe zu Lotte bestimmt sei.

Gleichwohl wird seine absolute Liebe bereits durch Vergänglichkeitsmetaphorik überschattet, die sich zum einen auf seine Person selbst bezieht und zum anderen auf die Umstände seiner Beziehung zu Lotte: Seinen berühmten „blauen einfachen Frack" (S. 87, Z. 15), den er getragen hatte, als er mit Lotte zum ersten Mal getanzt hatte, muss er nun durch einen neuen ersetzen. Er versucht aber an das Alte anzuknüpfen, indem er sich seinen neuen Frack „ganz wie den vorigen" (Z. 17 f.) hat machen lassen. Hat sich so schon sein Erscheinungsbild verändert, muss Werther ferner feststellen, dass die Orte, an die er Erinnerungen an seine Zeit mit Lotte geknüpft hat, verloren sind: Die Nussbäume bei dem Pfarrer von St., den er mit Lotte zusammen besucht hatte, sind inzwischen gefällt worden.

Vergänglichkeitsmetaphorik

10. Oktober bis 30. Oktober 1772

Die Briefe aus dem Oktober 1772 geben einen tiefen Einblick in die innere Befindlichkeit Werthers. Indem das Bild der Angebeteten immer wieder wachgerufen wird, quält sich Werther selbst bis zur Unerträglichkeit. Dies führt dazu, dass er phasenweise meint, sich nicht mehr artikulieren zu können; paradoxerweise bringt er gerade diese Problematik (wie schon anfangs, vgl. Brief vom 10. Mai 1771) durch die Zeichensetzung und die elliptischen Formulierungen schriftlich zum Ausdruck, z. B.: „[…] als er – hoffte – als ich – zu sein glaubte – wenn – Ich mache nicht gern

Selbstoffenbarung durch Schreiben

Gedankenstriche, aber hier kann ich mich nicht anders ausdrücken [...]." (S. 89, Z. 14–17)

Veränderte   Auch Werthers Lektüre unterstreicht die Verstärkung seiner
Lektüre: Gefühle: Zuvor hatte Werther immer Homers „Odyssee"
gelesen. In dieser Heldengeschichte wird davon erzählt,
Homer   dass der griechische König Odysseus, der bei Troja gekämpft
hatte, durch die Götter an seiner Rückkehr in seine Heimat
gehindert wird. Nach jahrelangen Irrfahrten und zahlreichen Abenteuern gelingt es Odysseus schließlich, nach
Hause zu gelangen. Dort wird er aber nicht mehr erkannt;
er muss sogar feststellen, dass seine Frau Penelope von anderen Männern begehrt wird. Durch eine List gelingt es
ihm, alle Rivalen zu töten. Man erkennt in ihm wieder den
König Odysseus. Solche Heldengeschichten, in denen zudem noch vermittelt wird, dass Odysseus seine Frau durch
Ausschaltung der Rivalen (zurück-)erhält, kann Werther
jetzt nicht mehr ertragen, da er eingesehen hat, dass er mit
seiner Angebeteten niemals zusammenkommen wird.

Ossian   Jetzt hat er neuen Lesestoff für sich entdeckt: „Ossian hat in
meinem Herzen den Homer verdrängt." (S. 89, Z. 19) Die
Ossian-Dichtungen sollten angeblich nordische bzw. schot-
tisch-gälische Volksdichtungen darstellen. Doch man musste später erkennen, dass es sich um Fälschungen des Dichters James Macpherson handelt, der äußerst geschickt eigene Ideen, Motive aus schottischen Volksdichtungen,
Anklänge aus dem Werk Homers und aus dem Alten Testa-
ment zu einer Sammlung von Texten vereint hatte, die er
als Erzählungen des sagenhaften gälischen Dichters Ossian
ausgab. Da diese Fälschung jedoch erst nach Macphersons
Tod (1796) aufgedeckt wurde, kann davon ausgegangen
werden, dass Goethes Werther-Figur diese Texte noch im
Bewusstsein ihrer Echtheit liest. Von düsteren Helden, Geis-
tern und Todesklagen ist dort die Rede. Eine morbide Welt
wird entfaltet, in der immer wieder der Ton der Trauer um
Verlorenes erklingt. Somit hat sich – passend zum Wechsel

der Jahreszeit zum Herbst – Werthers Lektüre gleichsam verdüstert. Dementsprechend melden sich auch die abgründigen Triebe im letzten Oktober-Brief zu Wort, wenn Werther den Gedanken hegt, seine Geliebte einfach ohne Skrupel zu ergreifen: „Und das Zugreifen ist doch der natürlichste Trieb der Menschheit." (S. 92, Z. 3 f.)

3. November bis 30. November 1772

Doch Werther muss einsehen, dass all seine Hoffnungen zunichtegemacht worden sind: „[...] ich habe verloren, was meines Lebens einzige Wonne war, die heilige, belebende Kraft, mit der ich Welten um mich schuf. Sie ist dahin!" (S. 92, Z. 25–27) Am 30. November begegnet er dem verwirrten Heinrich, der im Winter Blumen für seine Geliebte sucht, jedoch keine finden kann. Werther erkennt in dessen Verhalten seine eigene Verzweiflung. Er teilt in gewisser Weise Heinrichs Schicksal, denn dieser war „Schreiber bei Lottens Vater" (S. 99, Z. 13 f.) und musste den Dienst quittieren, da er sich in Lotte verliebt hatte und darüber wahnsinnig geworden war.

Begegnung mit dem verwirrten Heinrich

Die melancholische Stimmung Werthers wird noch dadurch verstärkt, dass er immer mehr dazu neigt, Alkohol zu trinken, sodass Lotte ihm schon „Exzesse" (S. 93, Z. 11) vorwirft.

1. Dezember bis 23. Dezember 1772

Das symbolische „Ertrinken" wird zudem durch die Naturmetaphorik unterstrichen, denn der Fluss ist übergetreten und hat sein „liebes Tal" (S. 100, Z. 33) und den Ort unter der Weide, wo er sich oft mit Lotte getroffen hat, „überschwemmt" (S. 101, Z. 20).

Da Werthers Verzweiflung immer mehr überhandnimmt, schaltet sich verstärkt der fiktive Herausgeber ein und stellt die letzten Wochen bis zu Werthers Selbstmord dar. Albert untersagt Lotte die häufigen Treffen mit Werther, da er Angst vor dem Gerede der Leute hat (vgl. S. 103, Z. 15–19).

Damit wiederholt sich die Erfahrung der Abweisung, die Werther bereits beim Empfang des Grafen gemacht hat (vgl. S. 104, Z. 3–9), allerdings jetzt in seinem eigenen Freundeskreis. Am 21. Dezember spricht Werther in einem Brief an Lotte deutlich von seinen Selbstmordabsichten: „ich will sterben" (S. 107, Z. 21). Denn er erkennt, dass er die Ehe stört: „Eins von uns dreien muss hinweg, und das will ich sein." (S. 108, Z. 9f.)

*Selbstmord-
gedanken*

Bei einem letzten Besuch bei Lotte liest er ihr die Ossian-Dichtungen vor und wie schon in der „Klopstock"-Szene während des Balls über ein Jahr zuvor kommt es, vermittelt durch Literatur, zu einer gegenseitigen Übereinstimmung: „Sie fühlten ihr eigenes Elend in dem Schicksal der Edlen, fühlten es zusammen, und ihre Tränen vereinigten sie." (S. 118, Z. 4–6) Werther umarmt Lotte stürmisch und küsst sie, wie er es sich zuvor immer erträumt hatte (vgl. Brief vom 17. Dezember 1772). Lotte droht ihm, dass sie sich nie wiedersähen, und verlässt das Zimmer.

*Letzter Besuch
bei Lotte*

Werther küsst Lotte

Am nächsten Tag schreibt Werther weiter an seinem Brief an Lotte und bittet um Vergebung. Während Lotte noch überlegt, wie sie ihrem Mann Albert den Vorfall vermitteln könnte (vgl. S. 123, Z. 24–27), tritt Werthers Diener herein und bittet um die Pistolen, Werther wolle sie auf seine Reise

*Selbstmord und
Begräbnis
Werthers*

mitnehmen. Albert lässt ihm über den Jungen eine glückliche Reise wünschen, was in den Augen des Lesers, der bereits von Werthers Selbstmordabsichten weiß, zynisch wirken muss. Um Mitternacht schießt sich Werther in den Kopf.

Werther hat Selbstmord begangen

Als man Werther gegen sechs Uhr morgens findet, ist er noch nicht tot; sein Todeskampf dauert noch bis zwölf Uhr mittags. Am 23. Dezember, in der Nacht vor Heiligabend, wird er auf dem Kirchhof unter den Lindenbäumen, also an dem Ort, den er sich selbst ausgesucht hat, begraben. Das widerspricht der zeitgenössischen Norm, nach der ein Selbstmörder auf keinem Kirchhof seine letzte Ruhe finden darf. Deshalb ist auch kein Geistlicher anwesend, dafür aber diejenigen, deren Nähe Werther stets gesucht hatte, doch in dem Bewusstsein, nicht zu ihnen zu gehören: „Handwerker trugen ihn." (S. 128, Z. 15 f.)

Hintergründe

Der literarhistorische Kontext

Epocheneinteilungen Die Einteilung der Literaturgeschichte in literarische Epochen stellt eine Orientierungshilfe dar. Die Epochenbezeichnungen mit ihren Eigenarten sind konstruierte Modelle, in denen spezifische Merkmale literarischer Werke zusammengefasst werden. Der Modellcharakter einer solchen Epocheneinteilung wird gerade im 18. Jahrhundert besonders deutlich, weil sich hier mehrere Stilrichtungen zeitlich überschneiden und sich sowohl inhaltlich als auch formal gegenseitig beeinflussen.

Literaturgeschichtliche Erkenntnismöglichkeiten In jedem Fall aber ist Literatur als Kunst immer auch Teil der Geschichte gesellschaftlichen Bewusstseins. Literarische Texte sind somit einerseits durchaus Abbilder ihrer Zeit, andererseits reichen sie oft auch über ihre Zeit als Vorausbilder hinaus. Die ästhetische Erkenntnis des Lesers kann daher nicht in bloßem Wiedererkennen biografischer, historischer oder stilistischer Gegebenheiten bestehen. Vielmehr ist es das Ziel einer kritischen Interpretation, die fiktionalen Wirklichkeitsmodelle, die durch Literatur vermittelt werden, mit der historisch-gesellschaftlichen Wirklichkeit, zu der auch die Gegenwart gehört, zu vergleichen. So erst kann die Bedeutung des Werks beschrieben und für die eigene Lebenswirklichkeit produktiv umgesetzt werden.

Aufklärung Das 18. Jahrhundert ist die Zeit, in der immer mehr deutlich wird, wie der Mensch als Individuum zu eigenem, emanzipatorischem Bewusstsein gelangt. „Einem geht ein Licht auf", darum ist eine ähnlich bildhafte Vorstellung auch zum Namen einer Epoche dieser Zeit geworden: Aufklärung (1720–1785). Der Philosoph Immanuel Kant (1724–1804) gibt in der „Berlinischen Monatsschrift" vom Dezember 1783 die später so berühmt gewordene Antwort auf die Frage, was Aufklärung sei: „Aufklärung ist der Ausgang des Menschen aus seiner selbst verschuldeten Unmündigkeit. Unmündigkeit ist das Unvermögen, sich seines eigenen Verstandes ohne Leitung eines anderen zu bedienen. Selbst verschuldet ist diese Unmündigkeit, wenn die Ursache derselben nicht am Mangel des Verstandes, sondern der Entschließung und des Mutes liegt, sich seiner ohne Leitung eines anderen zu bedienen! Sapere aude! Habe Mut, dich deines eigenen Verstandes zu bedienen! ist also der Wahlspruch der Aufklärung."

Die Idee der Aufklärung hat weitreichende Folgen: Sie heißt nämlich auch sich aus der Vormundschaft der weltlich und geistlich Herrschenden zu befreien, die ihren Untertanen das Denken abnehmen oder gar verbieten wollen. Im 18. Jahrhundert gilt noch immer die alte Ständeordnung, an deren Spitze der Adel bzw. der Klerus steht und dies auch deutlich an den Höfen und Residenzen zur Schau trägt. Immer mehr bildet sich jedoch eine akademisch gebildete und ökonomisch immer erfolgreicher werdende Schicht heraus: das Bürgertum.

Spezifisch bürgerliche Vorstellungen entwickeln sich: Allen Menschen gemeinsam sei eine angeborene Humanität, die sich in Rücksichtnahme und Toleranz gegenüber den Mitmenschen zeige; man glaubt an den Fortschritt der Menschheit durch Bildung und Zuwachs an Wissen; die Vernunft wird als die entscheidende Instanz angesehen, nach der alle Lebensprozesse zu beurteilen sind. Durch diese Vorstellungen ist auch die aufklärerische Literatur als Teil des gesellschaftlichen Bewusstseins geprägt: Lehrhafte Literaturformen wie Aphorismen (eigentlich: „Gedankensplitter") und Fabeln überwiegen; es bildet sich das bürgerliche Drama heraus, in dem allgemeine menschliche Themen die Handlung bestimmen und auch der Adel diese menschlichen Normen zu beachten hat. Die Personenkonstellation öffnet sich auch für bürgerliche Protagonis-

ten; solche Dramen werden dann als „bürgerliche Trauer-
spiele" bezeichnet.

Empfindsamkeit So Maßstäbe setzend die Ideen der Aufklärung auch sind,
hat sich dennoch eine literarische Gegenbewegung gebil-
det: die sogenannte Empfindsamkeit (1740–1780). Denn
die Ideen der Aufklärung blieben häufig abstrakt und die so
betonte Fixierung auf die Vernunft diffamierte allzu oft die
menschliche Gefühlsfähigkeit und das Bedürfnis nach Religiosität. Darum steht in der Dichtung der Empfindsamkeit
nicht die Vernunft, sondern das Herz als Symbol für Seele,
Emotionen und Liebe im Mittelpunkt. Freundschaftskult
und Ausleben von Gefühlen sind zentrale Themen dieser
Art von Literatur.

Pietismus In manchen Werken werden diese Themen auch religiös
überhöht; sie sind dann vom Pietismus (von lat. „pietas":
Frömmigkeit), einer um 1700 entstehenden Richtung des
deutschen Protestantismus, beeinflusst.

Sturm und Drang Nahezu parallel zu den beiden genannten Epochen Aufklärung und Empfindsamkeit entwickelt sich eine dritte
Richtung: der Sturm und Drang (1767–1785). Eine junge
Generation von Dichtern gibt sich nicht mehr zufrieden
mit der kühlen bürgerlichen Verstandeskultur der Aufklärung und auch die Darstellung der Gefühlswelt durch die
Empfindsamkeit erscheint ihnen zu schwach. Beide Bereiche sind dieser jungen Generation zwar wichtig, man
vereint sie jedoch im Geniebegriff. Das Genie wird als der
Inbegriff der schöpferischen Kraft, als Vollendung des Individuums in seiner Natürlichkeit angesehen. Darum ist
auch die Entwicklung des Freiheitsverständnisses – auch
im politisch-revolutionären Sinne – in der Dichtung des
Sturm und Drang ein zentrales Anliegen. Diese Literatur
wendet sich gegen bürgerliche Zweckrationalität, absolu-
tistische Fürstenwillkür und christlich überzogene Moralvorstellungen und fordert die freie Entwicklung des Individuums in seiner Natürlichkeit.

Solche Vorstellungen haben auch Auswirkungen auf die sprachliche Gestaltung der literarischen Werke: Man wählt gefühlsbetontes Vokabular und setzt sich oft auch durch elliptischen Stil über die traditionellen grammatischen Formen hinweg, sodass sich auch in der Sprachverwendung die innere Aufgewühltheit widerspiegeln kann. In der Lyrik des Sturm und Drang werden auf diese Weise besonders persönliche Erlebnisse zum Ausdruck gebracht, daher spricht man auch von „Erlebnislyrik".

Die beiden Dichter Goethe und Schiller haben dann in der Klassik (1786–1832) den Versuch unternommen, die Vorstellungen des Sturm und Drang unter Rückgriff auf die humanistischen Prinzipien der Aufklärung überzeitlich zu veredeln und so ein harmonisches Ganzes zu schaffen. Künstlerische Freiheit soll nunmehr mit Gesetzen und Regeln harmonisierend vereinbar gemacht werden. Das Ideal der Klassik besteht in der Vorstellung einer harmonischen Einheit des Guten, Wahren und Schönen mit dem Ziel der Ausbildung aller menschlichen Fähigkeiten.

Klassik

Schiller definiert daher das ästhetische Ideal der Klassik folgendermaßen: „Eine der ersten Erfordernisse des Dichters ist Idealisierung, Veredelung, ohne welche er aufhört, seinen Namen zu verdienen. Ihm kommt es zu, das Vortreffliche seines Gegenstandes (mag dieser nun Gestalt, Empfindung oder Handlung sein, *in* ihm oder *außer* ihm wohnen) von gröbern, wenigstens fremdartigen Beimischungen zu befreien, die in mehreren Gegenständen zerstreuten Strahlen von Vollkommenheit in einem einzigen zu sammeln, einzelne, das Ebenmaß zerstörende Züge der Harmonie des Ganzen zu unterwerfen, das Individuelle und Lokale zum Allgemeinen zu erheben."[1]

---

[1] Friedrich Schiller, Über Bürgers Gedichte, in: Friedrich Schiller, Sämtliche Werke, Bd. 5, hrsg. von Gerhard Fricke und Herbert G. Göpfert in Verbindung mit Herbert Stubenrauch, München 1962, S. 979.

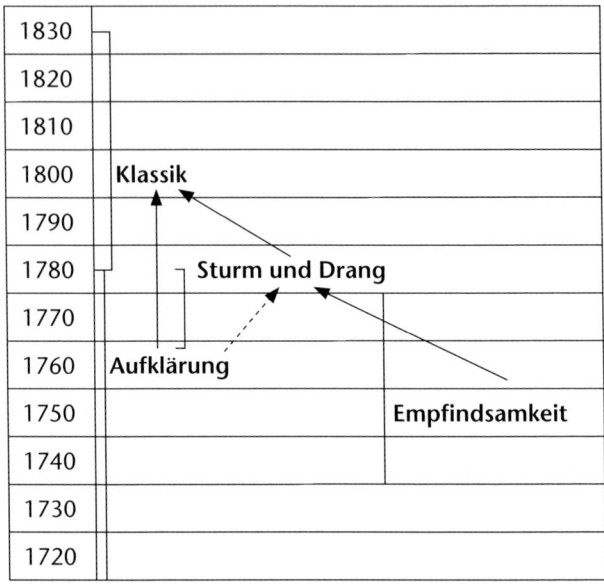

- - - - - ▶ indirekter Einfluss
—————▶ direkter Einfluss

Die erste Fassung des Romans „Die Leiden des jungen Werthers" erschien im Jahr 1774. Diese Fassung des Romans ist die Sturm-und-Drang-Fassung, die den Roman berühmt hat werden lassen und ihm in der Literaturgeschichte seinen festen Platz verschafft hat. Gleichwohl verdeutlicht das Schaubild, dass sich zu diesem Zeitpunkt mehrere Epochen überlagern; eine eindimensionale Zuordnung zu einer Epoche ist darum problematisch.

Der Roman weist daher Merkmale verschiedener Epochen auf, obgleich durch die dominierende Perspektivefigur Werther das Gedankengut des Sturm und Drang am deutlichsten vermittelt wird:

Epoche	Merkmale im „Werther"-Roman
Aufklärung	a) <u>inhaltlich</u>: Aufklärerisches Gedankengut wird besonders durch einzelne Figuren vermittelt: Albert verrichtet erfolgreich seinen Dienst, unterhält sich aber auch intensiv mit Werther und versucht dessen Gedankengängen zu folgen. Er kann also im Sinne Kants privaten und öffentlichen Gebrauch der Vernunft unterscheiden; der Doktor und der Gesandte repräsentieren bereits einen zur reinen Zweckrationalität pervertierten Vernunftbegriff, da sie rein funktional denken und kein Verständnis für Werthers Gefühlsausbrüche aufbringen. b) <u>sprachlich</u>: Albert zitiert während des Gesprächs über den Selbstmord aufklärerische Überzeugungen, wenn er etwa auf den Menschen „von Verstande" (S. 56, Z. 11) verweist; die Pedanterie des Gesandten wird besonders bei der Korrektur von Schriftstücken offensichtlich, wenn er „immer ein besser Wort, eine reinere Partikel" (S. 71, Z. 5 f.) zu finden glaubt.
Empfind-samkeit	a) <u>inhaltlich</u>: Intensive Darstellung der Gefühlswelt: Der Herausgeber meint schon im Vorwort, dass auch der Leser dem Schicksal Werthers seine „Tränen nicht versagen" könne; Gefühlsausbrüche Werthers werden des Öfteren dargestellt; mit dem berühmten „Klopstock"-Zitat wird direkt auf einen der bekanntesten Dichter der Empfindsamkeit verwiesen. Dass auch Lotte den Tendenzen der Empfindsamkeit gegenüber aufgeschlossen ist, wird vor allem bei dem Abschiedsgespräch gegen Ende des ersten Teils deutlich (vgl. den Brief vom 10. September 1771).

	b) __sprachlich__: Verwendung emotional aufgeladener Formulierungen, z. B. fortwährende Liebesbekundungen, auch gegenüber einem Freund wie Wilhelm, z. B. „mein Lieber" (S. 8, Z. 16), „mein Schatz" (S. 19, Z. 13); Diminutiva bei der pantheistischen Naturdarstellung wie „Würmchen" und „Mückchen" (S. 9, Z. 25 f.)
__Sturm und Drang__	a) __inhaltlich__: Besonders Werther verkörpert Merkmale dieser Epoche, was z. B. an seinem Begriff des Genialischen deutlich wird (vgl. S. 52), an seiner antibürgerlichen Gesinnung, an seiner Zuwendung zur Natur als alternativem Raum und zur gesellschaftlichen Unterschicht als die Ständeordnung durchbrechende Geste und letztlich an seinem Selbstmord als Ausdruck absoluter Autonomie gegenüber bürgerlich-christlichen Wertvorstellungen.
	b) __sprachlich__: häufig auftretender elliptischer Satzbau, Anakoluthe, Ausrufesätze, Verwendung von Kraftausdrücken, „Schafft mir die Kerls vom Hals!" (S. 47, Z. 33 f.); Ablehnung sprachlich-grammatischer Normen (vgl. S. 71), Suche nach alternativen Ausdrucksmöglichkeiten der Gefühlswelt, „Gedankenstriche" (S. 89, Z. 16)
__Klassik__	Die dem Unterricht und auch dieser Lektürehilfe zugrundeliegende erste Fassung des Romans enthält schon aus historischen Gründen *keine* Merkmale der Klassik. Die zweite Fassung aus dem Jahr 1787 stellt jedoch eine grundlegende Überarbeitung des Textes dar, sodass dadurch ein neuer „Werther"-Roman entstanden ist. Ein wichtiger Unterschied gegenüber der ersten Fassung besteht

inhaltlich z. B. darin, dass die „Bauernbur-schen"-Episode hinzugefügt wurde, durch die das Werther-Schicksal gespiegelt wird, denn es geht um einen unglücklich in seine Herrin verliebten Bauernburschen, der Selbstmordabsichten hegt und letztlich kriminell wird. Damit wird der Versuch unternommen, das Werther-Schicksal zu relativieren, um die Gefühlsintensität der ersten Fassung – im Sinne des klassischen Ästhetikanspruchs – abzumildern. Auch sprachlich wird in der zweiten Fassung der Sturm-und-Drang-Stil geglättet, indem Kraftausdrücke wie „Kerl" getilgt, mundart-liche Wendungen gestrichen wurden und der Satzbau deutlicher grammatikalisch geordnet erscheint.

Goethes Lebensstationen

Johann Wolfgang Goethe wird am 28. August 1749 in der freien Reichsstadt Frankfurt am Main als erstes von sechs Kindern geboren und verbringt dort seine Kindheit und frühe Jugend in einem wohlhabenden Elternhaus. Sein Va-ter – kaiserlicher Rat ohne verpflichtende Amtsgeschäfte – kümmert sich persönlich um die Erziehung seines ältesten Sohnes und dessen um ein Jahr jüngere Schwester Corne-lia. Im Übrigen vermitteln Privatlehrer dem jungen Wolf-gang eine Ausbildung, die sich vor allem auf alte und neue Sprachen bezieht, bis er 1765 zum Jurastudium nach Leip-zig zieht.

Kindheit und Jugend

Der siebzehnjährige Student folgt damit mehr dem Willen seines Vaters, der selbst Jurist ist, als eigenen Interessen und beschäftigt sich lieber mit den schönen Künsten. Wegen einer schweren Krankheit (Blutsturz) kehrt er nach drei Jah-ren ins Elternhaus zurück. Eine Freundin seiner Mutter pflegt ihn und sucht ihn für den Pietismus zu gewinnen.

Studium

Der junge Goethe

1770 setzt Goethe sein Studium in Straßburg fort. Dort lernt er Johann Gottfried Herder (1744–1803) kennen, der ihn für Shakespeares Dichtung begeistert und mit der Volksdichtung und den Ossian-Liedern bekannt macht. Goethe schreibt selbst Gedichte, von denen einige, z. B. „Es schlug mein Herz. Geschwind zu Pferde!", aus dem unmittelbaren Eindruck seiner Neigung zu der Pastorentochter Friederike Brion aus dem elsässischen Städtchen Sesenheim entstehen. Darum ist dieses Gedicht ein typisches Beispiel für die Erlebnisdichtung des Sturm und Drang (vgl. „Der literarhistorische Kontext").

Erste literarische Tätigkeit

Nach Beendigung des Studiums (1771) betreibt Goethe zwar in lockerer Zusammenarbeit mit seinem Vater eine Rechtsanwaltskanzlei in Frankfurt, führt jedoch ein unangepasstes Leben, was so gar nicht mit seiner Tätigkeit als Jurist vereinbar erscheint: Er wird in den Darmstädter Zirkel der Empfindsamen eingeführt und befasst sich mit Literatur. Er übersetzt z. B. die Ossian-Lieder aus dem Englischen, schreibt Gedichte und Aufsätze zur Literatur und Kunst und dramatisiert ausgerechnet die Lebensgeschichte eines Raubritters im Shakespeare-Stil; dieses Schauspiel „Götz von Berlichingen mit der eisernen Hand" macht ihn schlagartig bekannt und wird zum Vorbild der Sturm-und-Drang-Generation schlechthin.

Entstehung des „Werther"-Romans

Von Mai bis September 1772 hält Goethe sich in Wetzlar auf, um als Praktikant am Reichskammergericht, der obersten Rechtsinstanz des Reiches, seine juristischen Kenntnisse zu erweitern. Hier liest er in seiner Freizeit intensiv Homer. Seine Liebe zu der 19-jährigen Charlotte Buff, der Braut des Hannoverschen Gesandtschaftssekretärs Johann Christian Kestner, und die Nachrichten über den Selbstmord des braunschweigischen Legationssekretärs Carl Wilhelm Jerusalem, den Goethe schon aus seiner Leipziger Studentenzeit kannte, verarbeitet er in Frankfurt in seinem Briefroman „Die Leiden des jungen Werthers" (1774); dieser Roman, den Goethe nach eigenen Angaben in vier Wochen niedergeschrieben hat, wird ein großer Verkaufserfolg und bringt dem Verfasser europaweit Ruhm ein.

1775 folgt Goethe einer Einladung des 18-jährigen Erbprinzen Carl August von Sachsen-Weimar-Eisenach nach dessen Residenzstadt, die von nun an sein Lebensmittelpunkt sein wird. Hier begegnet er auch Charlotte von Stein, die großen Einfluss auf seine dichterische Entwicklung hat. Während des ersten Weimarer Jahrzehnts übt Goethe fast ausschließlich staatspolitische Tätigkeiten in hohen Ämtern aus (er ist z. B. zuständig für Heerwesen, Berg- und Wegebau, staatliche Güter und Forsten, künstlerische und wissenschaftliche Anstalten, Finanzen) und betreibt wissenschaftliche Studien (1784 entdeckt er den Zwischenkieferknochen beim Menschen).

Umzug nach Weimar

Wohl aufgrund einer Lebenskrise (Gefühl des Unerfülltseins bei starker beruflicher Beanspruchung) reist Goethe 1786 für fast zwei Jahre nach Italien und kehrt – angeregt durch die Begegnung mit der antiken Kultur – mit einer neuen Sicht auf Kunst und Leben, mit vielen beendeten Schriften und neuen Entwürfen nach Weimar zurück; u. a. hat er das Drama „Iphigenie auf Tauris" in Blankverse umgeschrieben. Er lässt sich von allen Amtspflichten entbinden und übernimmt die Leitung des Hoftheaters.

Italienreise

Familiäre Verhältnisse

Seit 1788 lebt er mit einer jungen Frau aus kleinbürgerlichen Verhältnissen, Christiane Vulpius (1765–1816), zusammen (die er erst 1806 heiratet), 1789 wird Sohn August geboren (gest. 1830).

Weimarer Klassik

Von seinen Beziehungen zu Dichtern erweist sich die Freundschaft mit Friedrich Schiller (1759–1805) als die produktivste. Mit ihm bespricht er literarische Pläne, dichtet teilweise in Konkurrenz zu ihm Balladen, z. B. „Der Zauberlehrling"; gemeinsam engagieren sie sich für die Theaterarbeit. Das Jahrzehnt, in dem die beiden Dichter zusammenarbeiten, stellt den Höhepunkt der deutschen Klassik dar. Weimar wird dabei zu einem kulturellen Mittelpunkt in Deutschland.

Goethes Alterswerk

Goethes letzter Lebensabschnitt – nach Schillers Tod – ist weiterhin durch große schriftstellerische Schaffenskraft geprägt, z. B. kann er seine Jahrzehnte zuvor begonnene „Faust"-Dichtung fertigstellen. Goethe begegnet auch in dieser Zeit bedeutenden Persönlichkeiten, z. B. Napoleon (1808), der den „Werther" als seine Lieblingslektüre bezeichnet, und dem Komponisten Ludwig van Beethoven (1812).

1827–1830 erscheinen Goethes „Werke. Vollständige Ausgabe letzter Hand", d. h. die Fassung seiner Texte, die er selbst als Vermächtnis gesichert haben wollte. In dieser Werkausgabe liegt dann auch der „Werther"-Roman in der zweiten überarbeiteten Klassik-Fassung vor, obgleich Goethe selbst dazu einräumt: „Der erste Abdruck in seiner heftigen Unbedingtheit ist's eigentlich, der die große Wirkung hervorgebracht hat; ich will die nachfolgenden Ausgaben nicht schelten, aber sie sind schon durch äußere Einflüsse gemildert geregelt und haben denn doch nicht jenes frische unmittelbare Leben."

Goethe stirbt im Alter von 82 Jahren am 22. März 1832 in Weimar.

Entstehungsgeschichte des Romans „Die Leiden des jungen Werthers"

Goethe schrieb den „Werther"-Roman im Frühjahr 1774 in wenigen Wochen nieder. Das Werk wurde im Sommer gedruckt und erschien anonym in der weygandschen Buchhandlung in Leipzig unter dem Titel „Die Leiden des jungen Werthers". **Erstdruck**

Im selben Jahr brachte derselbe Verlag zwei Nachdrucke heraus, in denen einige Druckfehler berichtigt wurden. Die „zweite ächte Auflage" erschien 1775 ebenfalls bei Weygand in Leipzig; hier wurde ein zusätzlicher Absatz in den Brief vom 13.07.1771 eingefügt und dem Text wurden einige Mottoverse vorangestellt. **Nachdrucke**

Titelseite der Erstausgabe des „Werther"-Romans

Vor dem ersten Buch:

Jeder Jüngling sehnt sich so zu lieben,
Jedes Mädchen so geliebt zu sein.
Ach, der heiligste von unsern Trieben,
Warum quillt aus ihm die grimme Pein?

Vor dem zweiten Buch:

Du beweinst, du liebst ihn, liebe Seele,
Rettest sein Gedächtnis von der Schmach;
Sieh, dir winkt sein Geist aus seiner Höhle;
Sei ein Mann, und folge mir nicht nach.

Die Verse wurden in späteren Auflagen nicht mehr verwendet.

Der „Werther" wurde aufgrund seines Erfolges in zahlreichen unautorisierten Nachdrucken verbreitet, besonders von dem Berliner Buchhändler Christian Friedrich Himburg. Er gab 1775 ohne Erlaubnis des Dichters „J. W. Goethens Schriften" heraus; der erste Teil der „Schriften" enthielt den „Werther", dessen Text von Himburg leicht verändert und dem Berliner Sprachgebrauch angeglichen wurde. In den Jahren 1777 und 1779 legte Himburg die „Schriften" neu auf; mit jeder Neuauflage vermehrten sich die Druckfehler.

Zweite Fassung Als Goethe 1782 mit der Umarbeitung des Romans beginnen wollte, hatte er kein Exemplar des „Werthers" zur Hand. Er wandte sich an Frau von Stein, die ihm aber nur mit einem Band der dritten Auflage der himburgschen Ausgabe helfen konnte. Goethe ließ den Roman nach der genannten Vorlage gegen Ende 1782 abschreiben und trug eigenhändig seine Zusätze und Korrekturen ein.

Bei der Umarbeitung wurden die Mottoverse der „zweiten ächten Auflage" wieder gestrichen, mehrere Briefe umgestellt und neue hinzugefügt. Neben den inhaltlichen Veränderungen wurde eine durchgehende Glättung des Sprachstils vorgenommen: Himburg, von dessen Text Goethe ausging, hatte bereits die vielen Verkürzungen der originalen Fassung rückgängig gemacht und üblichere Schreibweisen eingeführt. Goethe ließ dies gelten und nahm weitere sprachliche Veränderungen vor (vgl. „Der literarhistorische Kontext"). Dieses korrigierte Manuskript der neuen Fassung diente schließlich als Vorlage für den Druck von Band 1 der achtbändigen „Schriften", die seit 1787 bei Göschen in Leipzig erschienen. Goethes „Werther" liegt demnach in zwei Fassungen vor, einer ersten und einer zweiten überarbeiteten, also in zwei unterschiedlichen Texten, wobei die Grundlage der zweiten Fassung des Romans von 1787 nicht das Original der Erstausgabe ist, sondern ein fehlerreicher Nachdruck.

Lange Zeit vertrat man die Ansicht, es sei die letzte von Goethe gebilligte Fassung, die „Ausgabe letzter Hand", allen anderen Varianten vorzuziehen, weil sie gewissermaßen als Testamentsverfügung zu akzeptieren sei. Das Prinzip der Ausgabe letzter Hand, das bis heute oft als maßgeblich bezeichnet wird, ist der großen Weimarer Goethe-Ausgabe zugrunde gelegt. Dementsprechend folgt die Weimarer Goethe-Ausgabe beim „Werther" dem Text der zweiten Fassung, da sie die Ausgabe letzter Hand ist (vgl. „Goethes Lebensstationen").

Wenn der „Werther" aber als Werk des jungen Goethe und als literaturgeschichtliches Beispiel für die Dichtung des Sturm und Drang gelesen werden soll, dann kommt der Roman nicht in der Fassung von 1787 in Betracht, sondern nur in der von 1774. Behandelt man nämlich die Fassung von 1787 so, als sei sie das Jugendwerk von 1774, dann wird die Klassik-Fassung in einen unangemessenen historischen Zusammenhang gebracht. Eine Interpretation unter solchen Bedingungen kann nur zu falschen Ergebnissen führen, weil in der zweiten Fassung gerade jene Elemente

Literaturgeschichtliche Bedeutung der ersten Fassung

aus dem Text entfernt wurden, die auf den typischen Sturm-und-Drang-Stil verweisen.

Wirkungsgeschichte

Goethes „Werther"-Roman gehört zu den erfolgreichsten Büchern des 18. Jahrhunderts. Nachdem der Roman auf der Leipziger Buchmesse im Herbst 1774 erschienen war, fand er reißenden Absatz. Zahlreiche vom Autor nicht genehmigte Nachdrucke des Romans erhöhten den Grad seiner Verbreitung, boten den Text jedoch oft fehlerhaft bzw. leicht verändert dar (vgl. „Entstehungsgeschichte des Romans"). Auch Übersetzungen in andere Sprachen wurden rasch hergestellt. Schon bald war ganz Europa im „Werther"-Fieber.

Reaktionen der Leserschaft

Einer der wohl prominentesten ausländischen Leser war Napoleon, der den „Werther"-Roman angeblich siebenmal gelesen hat. Viele zeitgenössische Leser konnten sich mit der Perspektivfigur identifizieren, sodass es sogar zu Selbstmorden „mit dem Werther in der Hand" kam. Ob Goethes Roman hier als Ursache oder eher als Wirkung solcher Selbstmorde anzusehen ist, wurde bereits nach seinem Erscheinen lebhaft diskutiert.

Goethes „Werther"-Roman wird vorgelesen

Doch musste selbst der strenggläubige protestantische Pfarrer Goeze, einer der Hauptgegner des Romans, einräumen, dass „in unseren Tagen" die „Selbstmörder so häufig werden" (S. 184, Z. 6, Z. 13). Offenbar greift also der Roman ein zu dieser Zeit aktuelles Thema auf. Dass aber gerade der Protagonist der Selbstmörder ist, war eine entscheidende Neuerung, die zur Verunsicherung zumindest der eher konservativen Leserschaft führte. Werthers Liebe zu einer verheirateten Frau, seine Vergöttlichung der Natur (Pantheismus), das Interesse für „heidnische" Dichter wie Homer oder Ossian und die gesellschaftskritischen Impulse, die der Roman liefert, stießen ebenfalls in diesen Kreisen auf Widerspruch (vgl. „Werther und die Gesellschaft"). 1775 wurde der „Werther"-Roman auf Antrag der Leipziger theologischen Fakultät verboten; wie so oft wurde dadurch jedoch ein gegenteiliger Effekt erzielt: Der Verkauf des Buches soll sich beträchtlich gesteigert haben.

Verschiedene Bewertungsperspektiven

Die Selbstmordthematik des Romans wurde am meisten diskutiert und die dazu vertretenen Positionen anderer Dichter bzw. Gelehrter weisen zugleich die geistigen Strömungen der Epoche aus: Da sind eher aufklärerisch Denkende wie Gotthold Ephraim Lessing, die zwar die poetische Schönheit des Romans betonen, ihn aber moralisch verurteilen, da sie den Selbstmord als irrationale Tat ansehen.

Matthias Claudius (1740–1815), deutscher Dichter und Journalist, argumentiert eher im Sinne der Empfindsamkeit, wenn er zwar das Leid Werthers nachvollziehen kann, aber doch im Sinne bürgerlich-christlichen Wertbewusstseins die Entsagung der zügellosen Leidenschaft, die Werther für ihn ausdrückt, vorzieht.

Christian F. D. Schubart (1739–1791), deutscher Dichter, Komponist und Journalist, sieht sowohl den Autor Goethe als auch die von ihm geschaffene Figur Werther jeweils als „Genie" an und zitiert damit den für die Epoche des Sturm und Drang zentralen Begriff. Es entstand gerade bei solchen

Lesern, die vom Sturm-und-Drang-Ton des Romans angetan waren, auch ein „Werther-Kult": Man kaufte Parfum mit dem Namen „Eau de Werther" und kleidete sich mit einer gelben Weste und einem blauen Frack (vgl. „Der Blick auf die Figuren – Werther"). Man kann daher wohl davon sprechen, dass zum ersten Mal in der neueren Literaturgeschichte ein literarisches Werk „vermarktet" worden ist.

Deutsche Tracht der Werther-Zeit.

Deutsche Kleidung im „Werther-Stil"

Nachdichtungen, Wertheriaden: Auch sogenannte „Wertheriaden", also Werther-Nachahmungen literarischer Art, waren weit verbreitet. Der Sturm-

und-Drang-Dichter Jakob Michael Reinhold Lenz hatte mit großer Begeisterung Goethes „Werther"-Roman gelesen und wurde dadurch zu einem eigenen Werk angeregt, das allerdings unvollendet geblieben ist: In seinem Romanfragment „Der Waldbruder" erzählt er von einem jungen Mann namens Herz (Lenz' Werther-Figur), der sich nach vielen (Liebes-)Enttäuschungen in den Odenwald zurückgezogen hat und dort ein Leben in Einsamkeit führt. Er hält Briefkontakt zu verschiedenen Personen, besonders aber zu seinem Freund Rothe, und idealisiert in den Briefen seine Liebe zu einer gewissen Gräfin Stella, von der er sich erhört glaubt. Doch auch diese Liebe erweist sich als bloße Illusion; Herz wird buchstäblich zum Narren gehalten – auch von seinem Freund Rothe.

Lenz: „Der Waldbruder" (1776)

Nicht immer wurde jedoch Werthers Schicksal in der literarischen Wirkungsgeschichte tragisch gestaltet bzw. aufgegriffen, sondern es finden sich auch ironische Kontrafakturen (Umdichtungen) bzw. Parodien. Heinrich von Kleist etwa übernimmt in seiner kurzen Erzählung „Der neuere (glücklichere) Werther" die Dreieckskonstellation der Figuren, wenn er davon erzählt, dass sich ein junger Kaufmannsdiener namens Charles C. in die Frau seines Chefs verliebt. Während sein Vorgesetzter und dessen Frau eine Geschäftsreise unternehmen, legt sich Charles in das Bett des Ehepaares, um seiner Angebeteten wenigstens auf diesem Wege nahezukommen, und schläft ein. Schließlich wird er von dem früher als erwartet heimgekehrten Paar überrascht. Er versucht sich aus Scham in seinem Zimmer zu erschießen. Doch nicht Charles stirbt, sondern sein Herr, denn dieser erleidet, hervorgerufen von dem Knall der Pistole, einen Schlaganfall. Der junge C. überlebt seinen Selbstmordversuch und heiratet die Witwe. Wenn der Erzähler am Schluss darauf hinweist, dass die Familie später 15 Kinder zählt, ist die Ironie unübersehbar.

Kleist: „Der neuere (glücklichere) Werther" (1811)

Die wohl bekannteste Parodie stammt von Friedrich Nicolai mit dem Titel „Freuden des jungen Werthers". Der Schrift-

Nicolai: „Freuden des jungen Werthers" (1775)

steller erfindet ein Happy End, Werthers Selbstmord bleibt bei einem grotesken Versuch, denn die Pistolen sind mit Hühnerblut geladen. Albert tritt verständnisvoll zurück und Werther heiratet Lotte; sie bekommt Kinder von ihm. In einer Fortsetzung dieses Textes ist sogar noch davon die Rede, dass Werther die Existenz eines bürgerlichen Familienvaters führt – mit allen Höhen und Tiefen. Er lebt zusammen mit Lotte auf einem „Gütchen, ein wohlgebaut Haus, vorm Haus ein Platz mit zwo Linden". Nicolai greift also in seiner Parodie zentrale Aspekte des „Werther"-Romans auf (etwa die Linde oder Werthers Wunschträume nach einer bürgerlichen Existenz) und deutet sie ironisch um. Gerade dadurch lenkt er jedoch – wahrscheinlich unbewusst – die Aufmerksamkeit auf die eigentliche Qualität des goetheschen Romans, denn in diesem bleiben jene spießbürgerlichen Idyllen gerade uneingelöst.

Plenzdorf: „Die neuen Leiden des jungen W."
(1973)

Auch in der modernen deutschen Literatur finden sich Weiterführungen der „Werther"-Thematik. Ulrich Plenzdorf erzählt in seinem Roman „Die neuen Leiden des jungen W." aus dem Jahr 1973 von Edgar Wibeau, einem jungen Mann, der in der DDR aufwächst und nach Selbstverwirklichung strebt. Dies erweist sich allerdings in der sozialistischen Gesellschaft, die den Einzelnen im Kollektiv aufgehoben wissen will, als äußerst schwierig. So kommt es zum Konflikt zwischen Wibeau und seinem Ausbilder. Edgar zieht sich in eine Gartenlaube zurück und entdeckt eine Reclamausgabe des „Werther"-Romans. Immer mehr sieht er Parallelen zwischen seinem eigenen und Werthers Schicksal. Als er sich dann noch unglücklich in die Kindergärtnerin Charlie (vgl. Werthers Charlotte) verliebt, dient der „Werther"-Roman immer mehr als Kommunikationsmedium, denn Edgar schickt seinem Freund Willi Tonbandaufzeichnungen mit Zitaten aus dem Reclamheftchen; schließlich verliert Edgar seine Arbeit, als er den Brigadeleiter u. a. mit einem „Werther"-Zitat provoziert.

Charlie hat inzwischen ihren Verlobten Dieter geheiratet, der zwischenzeitlich seinen Wehrdienst bei der Volksarmee geleistet hat. Edgar besucht die beiden häufiger und es kommt bei einem Ausflug zu einer intimen Begegnung zwischen ihm und Charlie. Edgar zieht sich jedoch danach zurück und versucht heimlich ein Farbspritzgerät zu konstruieren, da er meint, auf diesem Wege eine neue Lebensperspektive zu gewinnen. Bei einem überstürzten Test seiner Farbspritze kommt er jedoch durch die zu hohe Stromspannung ums Leben. Plenzdorf übernimmt die Grundstruktur der Personenkonstellation, die unglückliche Liebe und die gesellschaftskritische Ausrichtung des Goethe-Romans und aktualisiert diese, indem er die genannten Elemente auf die gesellschaftliche Situation der DDR bezieht. Von besonderer Bedeutung ist hierbei, dass der „Werther"-Roman als Text innerhalb des Romans zitiert wird und damit ein intertextueller Bezug direkt nahegelegt wird (vgl. S. 212–215: „Der Begriff ‚Kontext' und seine Bedeutung für die Interpretation").

In ähnlicher Weise zitiert Hanns-Josef Ortheils Roman „Faustinas Küsse" aus dem Jahr 1998 den „Werther"-Text, denn auch in diesem Roman erfährt der Protagonist, der junge Römer Giovanni Beri, eine Wandlung seines Lebens durch die Lektüre der „Leiden des jungen Werthers". Beri beobachtet einen Unbekannten aus Deutschland, der kein anderer als Goethe persönlich ist. Um den Dichter Goethe näher kennenzulernen, liest Beri den „Werther"-Roman. Für den machohaften Römer ist Werther ein Weichling; doch obwohl er Werthers Verhalten kritisiert, kann er nicht leugnen, dass er fortlaufend Ereignisse seines eigenen Lebens mit dem Gelesenen in Beziehung setzt und sich somit zunehmend mit dem Werther-Schicksal identifiziert. Schließlich gerät Beri zunehmend in Verwirrung und er droht sogar seine Geliebte Faustina an eben jenen Mann zu verlieren, mit dem er sich die ganze Zeit innerlich auseinandersetzt.

Ortheil: „Faustinas Küsse" (1998)

Intertextualität und Selbstreflexivität

Merkmale der modernen Romane scheinen demnach ein zunehmendes Maß an Intertextualität zu sein, d. h. die Auseinandersetzung mit einem literarischen Text (hier: dem „Werther"-Roman) innerhalb des Erzähltextes, sowie eine ausgestellte Form des Nachdenkens über sich selbst bei der Aufnahme eines Textes (Selbstreflexivität literarischer Rezeption), denn immer wieder wird dem gegenwärtigen Leser davon erzählt, wie sich die Figuren der Romane selbst als Leser verhalten.

Die Form des Briefromans

Allgemeine Merkmale

Ein Briefroman ist eine Romanform, die sich ausschließlich oder doch größtenteils aus erfundenen Briefen zusammensetzt, neben die außerdem erdichtete Tagebuchaufzeichnungen oder Kommentierungen eines vermeintlichen Herausgebers treten können. Ein Briefroman ist also in der Regel keine Sammlung wirklicher Briefkorrespondenz, sondern ein literarisches Gebilde, das seinen Namen aufgrund der nachgeahmten Textsorte des Briefes erhalten hat. Ein Briefroman kann nur die Briefe bzw. Aufzeichnungen einer Figur enthalten, also vorwiegend aus der Sicht einer Figur erzählt sein (monoperspektivisch), oder aber Briefe verschiedener Personen enthalten und damit auch mehrere Sichtweisen aufzeigen (polyperspektivisch).

Besonderheiten

In jedem Fall weist der Briefroman ein hohes Maß an „psychologischer Konzentration" auf, da man als Leser einen tiefen Einblick in die Gedanken und Gefühle der jeweiligen Briefeschreiber erhält. Diese versuchen im weitesten Sinne das, was sie erlebt haben, durch die schriftliche Kommunikation selbst zu ordnen oder zu verstehen bzw. anderen mitzuteilen. Damit bezieht diese Romanform den Leser erheblich in das dargestellte Geschehen ein. Denn dieser nimmt entweder die Rolle eines fiktiven Adressaten bzw.

Lesers ein (vgl. „Erzählinstanzen") und fühlt sich so direkt angesprochen oder aber er nimmt an dem Briefwechsel verschiedener Personen als Zuschauer teil. In beiden Fällen wird er jedoch in den Kommunikationsprozess einbezogen, da er mit den Äußerungen einer oder verschiedener Personen konfrontiert wird und damit aufgefordert ist, selbst Stellung zu beziehen.

Literaturgeschichtlich kann man feststellen, dass der eigentliche Briefroman sich in der Epoche der Empfindsamkeit (vgl. „Der literarhistorische Kontext") am weitesten entwickelt, da in dieser Zeit geradezu ein „Briefkult" herrschte; das Briefeschreiben wurde als Akt der Selbstdarstellung und künstlerischen Betätigung verstanden. Literarische Formen bilden sich allerdings zunächst in England (Samuel Richardsons „Geschichte der Pamela und die belohnte Tugend eines Frauenzimmers", 1740), dann in Frankreich (Jean-Jacques Rousseaus „Julie oder die neue Heloise. Briefe zweier Liebender aus einer kleinen Stadt am Fuße der Alpen", 1761) heraus. Am meisten dürfte Goethe jedoch von Sophie von La Roches Roman „Die Geschichte des Fräuleins von Sternheim" (1771), der ebenfalls in Briefform abgefasst wurde, in formaler Hinsicht beeinflusst worden sein. In allen drei Romanen geht es außerdem darum, dass die Hauptfiguren gegen Standesgrenzen verstoßen und versuchen, ihre Gefühlswelt gegen Herkunft und gesellschaftliche Zugehörigkeit zu behaupten. Insofern fallen auch thematisch Parallelen zu Goethes „Werther" auf. Goethes Roman bleibt aber offensichtlich der berühmteste Briefroman, da er – abgesehen von den Kommentaren des Herausgebers – nur die Briefe und Aufzeichnungen einer Person enthält und damit diese Romanform am konsequentesten darstellt.

So erklärt sich vielleicht auch, dass erst im 20. Jahrhundert wieder Briefromane geschrieben wurden, z. B. von Ricarda Huch oder Walter Jens (vgl. „Übersicht III: Möglichkeiten des Vergleichs mit anderen literarischen Werken").

Literaturgeschichtliche Entwicklung

Zentrale Deutungsaspekte

Der „Werther"-Roman wurde in den vorangegangenen Abschnitten in verschiedene Kontexte gestellt.[1] Hierbei wird zunächst zwischen intertextuellen und extratextuellen Kontexten unterschieden. Unter einem **intertextuellen Kontext** versteht man den Zusammenhang des „Werther"-Romans mit anderen Texten; besonders die Abschnitte zum literarhistorischen Kontext, zur Wirkungsgeschichte und zur Form des Briefromans geben Ihnen dazu näher Auskunft. **Extratextuelle Kontexte** sind alle anderen Bezugsmöglichkeiten, die nicht ausschließlich über Texte herstellbar sind; hierzu zählen die Informationen zu Goethes Lebensstationen oder zur Entstehungsgeschichte des Romans.

Nunmehr werden zentrale Deutungsaspekte des Romans selbst dargestellt und in ihrem **innertextuellen** Zusammenhang erläutert: Zunächst geht es um *Spiegelungen des Werther-Schicksals innerhalb des Romans,* ferner um *Werthers Natur- und Liebesbegriff* und schließlich um *Werthers Verhältnis zur dargestellten Gesellschaft* (s. dazu auch „Übersicht I: Relevante Themen des Romans").

Spiegelungen des Werther-Schicksals innerhalb des Romans

In der dieser Lektürehilfe zugrundegelegten Textausgabe ist die erste Fassung des Romans abgedruckt. Innerhalb der ersten Fassung des Romans gibt es zwei Episoden, die man als Spiegelungen des Werther-Schicksals bezeichnen kann, nämlich einmal die Geschichte vom jungen Mädchen, die

---

[1] Vgl. hierzu auch das Kapitel „Der Begriff ‚Kontext' und seine Bedeutung für die Interpretation" in der Textausgabe des Schöningh Verlags, S. 212–215.

Werther Albert erzählt, und die Szene, in der der wahnsinnige Schreiber Heinrich auftritt.

In die 13 Jahre später erschienene zweite Fassung des Romans wurde eine zusätzliche Episode eingefügt, nämlich die Geschichte vom Bauernburschen.

Beide Fassungen müssen deutlich voneinander unterschieden werden, da es sich um zwei unterschiedliche Texte mit also auch unterschiedlichen Bedeutungen handelt.

Im Brief vom 12. August 1771 berichtet Werther von einem Gespräch mit Albert, in dem die beiden über die Selbstmordproblematik diskutiert haben. Werther erzählt in diesem Zusammenhang die Geschichte von einem jungen Mädchen, das tot im Wasser gefunden wurde; sie hat offensichtlich Selbstmord begangen, denn Werther spricht davon, dass sie sich in einen Abgrund hinuntergestürzt habe. Während Werther seine Geschichte als Erzähler zunächst auktorial darbietend beginnt, indem er die Lebensverhältnisse des Mädchens genauer darstellt – das Leben des Mädchens ist von häuslichen Beschäftigungen und Arbeit bestimmt, nur selten hat es Gelegenheit zur Zerstreuung und zu Gesprächen mit und über die Nachbarschaft –, nimmt er während des Erzählens immer mehr die Innensicht der jungen Frau ein und verhält sich personal.

Dadurch, dass er sich buchstäblich die Maske (lat. persona: „Maske") des Mädchens aufsetzt, wird schon erzähltechnisch eine Analogie zu seinem Schicksal hergestellt. Außerdem spricht er von ihrer ersten Liebe und davon, dass sie die „Welt rings um sich vergisst" (S. 55, Z. 11); hier ist eine erste explizite Parallele zu Werther erkennbar, der auch geschrieben hat, dass beim Tanz mit Lotte auf dem Ball „alles ringsumher verging" (S. 26, Z. 27). Auch die Fixierung auf „den Einzigen" (S. 55, Z. 12), den das Mädchen liebt, erinnert an die Absolutheit von Werthers Liebe gegenüber Lotte. Werther entkräftet außerdem durch Verwendung von Irrealis-Formen den Einwand, dass das Verhalten des Mäd-

Die Geschichte vom jungen Mädchen

chens als töricht zu bezeichnen sei, da es doch so viele andere potenzielle Partner für sie gebe. Auch durch den Hinweis darauf, dass dies die „Geschichte so manches Menschen" (S. 55, Z. 34 f.) sei, macht er deutlich, dass der referierte Sachverhalt auch auf ihn zutreffen könnte.

Ein Unterschied besteht freilich strukturell darin, dass die Ursache für den Selbstmord des Mädchens die Tatsache ist, dass ihr Geliebter sie verlassen hat; Werther hingegen muss im weiteren Verlauf der Handlung – umgekehrt – unter der fürsorglichen Zuwendung Lottes leiden.

Die Begegnung
mit dem
Blumensucher im
Winter
Die Begegnung mit dem Blumensucher im Winter, der sich als der wahnsinnige Schreiber Heinrich entlarvt, enthält noch wesentlich mehr Analogien zu Werthers Situation – allein schon aus geschlechtsspezifischen Gründen. Im Brief vom 30. November 1772 ist davon die Rede, dass Werther einem verwirrt erscheinenden jungen Mann begegnet sei. Er spricht den Mann an, da er diesen aufgrund seiner einfachen Kleidung als „einen Menschen von geringem Stande" (S. 96, Z. 18 f.) ansieht und deswegen meint, dass dieser ihm seine Neugierde nicht übelnehme. Als Werther jedoch feststellt, dass der Mann im Winter Blumen für seinen „Schatz" sucht, reagiert er befremdet. Auch der Hinweis des Mannes darauf, dass seine Geliebte „Juwelen und eine Krone" (S. 97, Z. 5) besitze, er selbst auf Geld aus den „Generalstaaten" (S. 97, Z. 6) warte, irritiert Werther, da diese Verhältnisse nicht zu dem äußeren Erscheinungsbild des Mannes passen. Als ihn dann dessen Mutter bei seinem Namen Heinrich ruft und mit Werther ein Gespräch beginnt, erfährt er den Grund für das merkwürdige Verhalten des Blumensuchers. Heinrich ist nämlich wahnsinnig und war sogar ein Jahr „an Ketten im Tollhause" (S. 97, Z. 19 f.). Er hält sich offenbar für einen Herrscher, der mit königlichen Höfen verkehrt. In Wirklichkeit war er jedoch bei Lottes Vater auf dem Amt als Schreiber tätig. Der junge Mann hatte sich ebenfalls in Lotte verliebt, war aber offen-

bar abgewiesen worden. Werther fasst Heinrichs Schicksal auffällig kurz mithilfe einer Akkumulation[1] von Verben zusammen: Heinrich habe eine „unglückliche Leidenschaft" gegenüber Lotte entwickelt, „die er nährte, verbarg, entdeckte"; deswegen sei er „aus dem Dienst geschickt" (S. 99, Z. 13f.) worden. Diese für Werther ungewöhnliche Sprache entlarvt er selbst als Imitation von Alberts Art zu sprechen, denn von ihm habe er diese Hintergrundinformationen ebenso gelassen erzählt bekommen.

Werther ist aber von dem Schicksal des Blumensuchers sehr ergriffen und beneidet ihn darum, dass er während der Anwandlungen von Wahnsinn nichts von sich wisse. Der „Trübsinn" (S. 98, Z. 5) Heinrichs ist allein in dessen Wahnvorstellungen begründet, denn er ist traurig keine Blumen zu finden und kein Geld von den Generalstaaten zu erhalten. Den wahren Grund für seine Traurigkeit, nämlich die unglückliche Liebe zu Lotte, kann der ehemalige Schreiber nicht erkennen. Der Wahnsinn schützt ihn davor. Anders ist in dieser Hinsicht Werthers Schicksal, denn er nimmt ja gerade sein Leiden bewusst wahr.

Diese Episode ist deswegen von zentraler Bedeutung, da die unglückliche Liebe eines Menschen zu Lotte thematisiert und eine mögliche Auswirkung einer solchen unglücklichen Leidenschaft deutlich gemacht wird: Sie kann einen Menschen in den Wahnsinn treiben. Ferner ist auch die Art und Weise, wie die bürgerliche Gesellschaft mit einem unglücklichen Menschen wie Heinrich umgeht, bezeichnend: Der Schreiber wird entlassen, verliert also die materiellen Voraussetzungen für seine Existenz, und sein Schicksal wird (durch Albert) sachlich-nüchtern referiert. Verständnis kann ein solcher Mensch also nicht erwarten.

In der zweiten Fassung des Romans wird ein drittes analoges Schicksal zu Werther hinzugefügt: Die Episode vom

Die Bauern-
burschen-Episode

---

[1] Akkumulation: Anhäufung, Ansammlung

Bauernbuschen. Am 30. Mai 1771 lernt Werther einen Bauernburschen kennen, der bei einer Witwe arbeitet. Werther gewinnt schnell dessen Vertrauen und ihm wird klar, dass der Bursche über eine reine Neigung, Liebe und Treue verfüge. Am 4. September 1771 teilt er dann seinem Freund Wilhelm mit, dass der Bauernbursche entlassen worden und gesellschaftlich geradezu ausgeschlossen worden sei: „und niemand wollte was weiter von ihm wissen". Er habe sich nämlich in die Witwe, für die er tätig gewesen sei, unsterblich verliebt. In einem Zustand, in dem er nicht mehr Herr seiner Sinne gewesen sei, ermuntert durch „kleine Vertraulichkeiten" ihrerseits, habe er versucht sie zu vergewaltigen. Der Bruder der Witwe habe dann den Bauernburschen hinausgeworfen. Inzwischen habe die Witwe jedoch einen neuen Knecht, von dem man sagt, dass sie beabsichtige ihn zu heiraten. Werther äußert ganz offen gegenüber Wilhelm, dies sei auch „die Geschichte deines Freundes". Damit legt er selbst einen Vergleich zu seiner Situation nahe.

Den Schluss der Bauernburschen-Episode erzählt dann nicht mehr Werther, sondern der fiktive Herausgeber seiner Briefe. Der Bursche habe eben jenen Bauern erschlagen, der mit der Witwe zusammen gewesen sei. Stark bewertend fasst der Erzähler zusammen: „Liebe und Treue, die schönsten menschlichen Eigenschaften, hatten sich in Gewalt und Mord verwandelt." Wenn dann darauf hingewiesen wird, dass Werther den Mörder als „so schuldlos" empfinde, wird schon der Widerspruch des Lesers suggeriert; und am Schluss der Episode führt der Erzähler dann noch eine Notiz Werthers auf einem Zettelchen an: „„Du bist nicht zu retten, Unglücklicher! Ich sehe wohl, dass wir nicht zu retten sind.'" Wenn Werther hier durch das Personalpronomen „wir" das Schicksal des Mörders mit seinem eigenen vereint, wird sein Verhalten vor dem Hintergrund des durch den Herausgeber dargestellten Kontextes moralisch ebenfalls verurteilt.

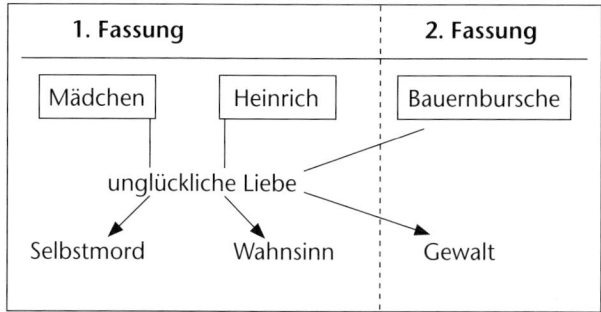

Dadurch, dass in der ersten Fassung des Romans, die die historisch authentische ist, nur die Geschichten vom Mädchen und dem Blumensucher im Winter, *nicht* aber die Bauernburschen-Episode, enthalten sind, entsteht eine andere Bedeutungsperspektive: Durch die beiden ersten Geschichten werden nämlich im Wesentlichen Werthers Tragik und das Unverständnis der bürgerlichen Gesellschaft gegenüber solchen Schicksalen illustriert. Damit wird Werthers tragische Liebe in der ersten Fassung also in ihrer Ausweglosigkeit hervorgehoben, sodass der Selbstmord am Schluss geradezu inhaltlich vorbereitet wird.

Wenn sich in der zweiten Fassung, besonders am Schluss der Bauernburschen-Episode, der fiktive Herausgeber als übergeordnete Erzählinstanz zu Wort meldet und Werthers Verhalten auf die oben dargestellte Weise kommentiert, stellt er Werthers eingeschränkte Perspektive infrage und schafft somit eine weitere Distanz des Lesers zu Werthers Gedankengängen.

Während also Werther in der ersten Fassung in seiner negativen Einschätzung der bürgerlichen Gesellschaft, die kein Verständnis für den an der Liebe als Passion Zugrundegehenden aufbringt, bestärkt wird, relativiert der auktoriale

Verschiedene Bedeutungen: erste und zweite Fassung

Erzähler, der als Herausgeber in Erscheinung tritt, in der zweiten Fassung den Absolutheitsanspruch von Werthers Liebe.

Werthers Natur- und Liebesbegriff

Werthers Liebesverständnis scheint der ausschlaggebende Faktor für seinen Selbstmord zu sein. Keineswegs kann man aber seinen Selbstmord auf einen Grund allein zurückführen. Mehrere Faktoren, die sich freilich in seiner unglücklichen Liebe miteinander zu einer tödlichen Mischung verbunden haben, wird man hier berücksichtigen müssen.

Natur als Ort der Rezeption Werthers Autonomieanspruch als Künstler steht am Anfang der für ihn fatalen Entwicklung: Der freie Raum der Natur ist jener Ort, wo sich Werther meint frei entfalten zu können; allerdings ist die Natur für ihn ein Ort der *Rezeption,* nicht der *Produktion.* Er *liest* dort seinen „Homer" (vgl. z. B. S. 16, Z. 19f.). Auch die Natur selbst, die „mannigfaltige[n] Gräschen", die „Würmchen" und „Mückchen" (S. 9, Z. 23–26; vgl. auch S. 45, Z. 21–23), *nimmt* er in ihrer Vielfalt bloß *wahr,* aber er ist nicht in der Lage dies künstlerisch umzusetzen (etwa durch seine Malerei). Genauso wird er sich später auch nicht in der Lage fühlen, von seiner Geliebten ein Bild zu malen: „Lottens Porträt habe ich dreimal angefangen und habe mich dreimal prostituiert [blamiert]" (S. 45, Z. 29f.).

Rolle des Herzens Entscheidendes „Wahrnehmungsorgan" – auch der Natur – ist für ihn sein „Herz" als Sitz aller Empfindungen (vgl. z. B. S. 9, Z. 1, Z. 11). Schon sehr früh, bevor er Lotte überhaupt kennengelernt hat, stilisiert Werther solche Rezeptionserfahrungen der ihn umgebenden Natur mithilfe eines Vergleichs als der Liebe ähnliche Erfahrungen: „wie die Gestalt einer Geliebten" (S. 9, Z. 32).

Die erste Begegnung mit Lotte ist vor diesem Hintergrund auch auffällig gestaltet: „Lotte tanzte nicht, sie schnitt

Schwarzbrot."[1] Schon bei der ersten Begegnung, bei der sich Werther in Lotte verliebt, sprengt seine Liebe die gesellschaftlich üblichen Regeln: Nicht auf einem gesellschaftlichen Anlass (der eben erst später folgt, nämlich der Ball) lernt er seine Geliebte kennen, sondern in einer Alltagsszene, in der sie sich von ihrer fürsorglichen, mütterlichen Seite zeigt. Der traditionell vermittelte Weg von der Werbung und Verführung über den Widerstand zur Hingabe, der insgesamt auch in der Entwicklung der Beziehung zwischen Werther und Lotte zu beobachten ist, verbleibt nicht in den für solche Liebesspiele vorgesehenen gesellschaftlichen Bereichen und Räumen, sondern bezieht sich auf das Leben als Ganzes.

Diese Totalität der Liebe macht sie zugleich für Werther so gefährlich, da sie nicht das übliche Spiel ist, sondern eine existenzielle Dimension annimmt, auch wenn er den ersten Eindruck von Lotte noch als „Schau*spiel*" (S. 22, Z. 6, Hervorhebung: H. M.) bezeichnet. | *Totalität der Liebe*

Wie diese Formulierung bereits auf Literatur verweist, so bleibt eine entscheidende Bedeutungsspur das Lesen, auch im erweiterten Sinne: Werther beobachtet Lotte, er interpretiert jedoch das, was er beobachtet bzw. „gelesen" hat, permanent falsch: „Ich lese in ihren schwarzen Augen wahre Teilnehmung an mir und meinem Schicksale." (S. 42, Z. 21 f.) Und Werther deutet daraus, „dass sie [ihn] liebt" (S. 42, Z. 25). Diese Fehldeutung hat darin ihren Grund, dass Werther eben nicht über den Verstand im Sinne einer konzentrierten „Lektüre" zu seiner Einschätzung kommt, sondern über sein Herz. Er fällt damit der Zerstreuung anheim. Das Herz als Symbol verkörpert den Sitz der Empfindungen, mithilfe derer sich nur äußerst bedingt ein zuverlässiges Urteil bilden lässt. Werther jedenfalls fühlt sich ge- | *Werthers Fehldeutungen*

---

[1] Niklas Luhmann, Liebe als Passion. Zur Codierung von Intimität, Frankfurt am Main 1994, S. 43.

radezu narzisstisch selbst aufgewertet: „wie ich mich selbst anbete, seitdem sie mich liebt" (S. 42, Z. 28). Er flüchtet sich damit in eine Scheinwelt.

Dimensionen der Liebe

Doch es bleibt nicht bei der Faszination bzw. Verliebtheit Werthers, sondern er idealisiert bzw. vergöttert Lotte geradezu, wenn er sie als „Engel des Himmels" (S. 77, Z. 5) bezeichnet oder von ihr sagt, sie sei ihm „heilig" (S. 43, Z. 19). Und auch das Verlangen nach Sexualität wird deutlich, wenn er sie vergebens nachts in seinem „Bette" (S. 59, Z. 24) sucht, äußert, dass „das Zugreifen" doch „der natürlichste Trieb" (S. 92, Z. 3) sei, und er sie schließlich sogar beim letzten Treffen leidenschaftlich küsst. Werther hat es buchstäblich „voll erwischt", denn alle klassischen Dimensionen der Liebe haben sich bei ihm zu einem Teufelskreis miteinander verbunden, aus dem er aufgrund seiner emotionalen Anlagen nicht zu entkommen vermag. Letztlich sind es auch die (negativen) gesellschaftlichen Erfahrungen, die den unheilvollen Kreislauf nur beschleunigen, einen Sog entfalten, der Werther in den Abgrund zieht, denn er liebt eine verheiratete Frau, zu der nach den damaligen gesellschaftlichen Normen keine Liebesbeziehung möglich ist.

Die ausschlaggebenden Dimensionen der Liebe veranschaulicht das folgende Schaubild:

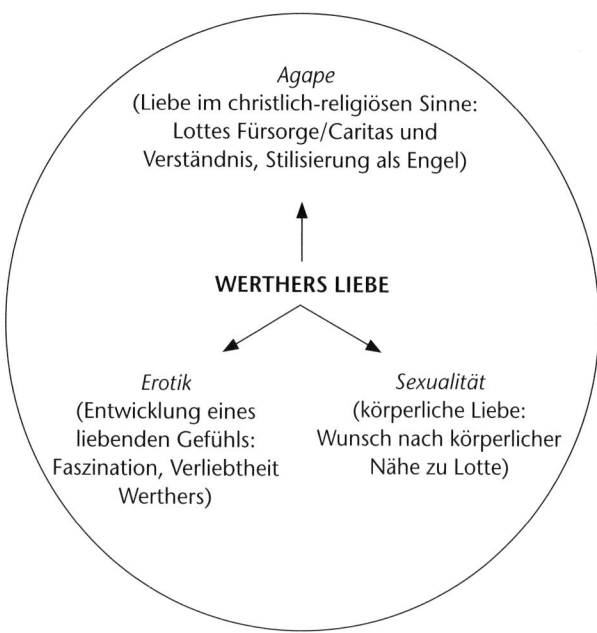

Agape
(Liebe im christlich-religiösen Sinne:
Lottes Fürsorge/Caritas und
Verständnis, Stilisierung als Engel)

WERTHERS LIEBE

Erotik
(Entwicklung eines
liebenden Gefühls:
Faszination, Verliebtheit
Werthers)

Sexualität
(körperliche Liebe:
Wunsch nach körperlicher
Nähe zu Lotte)

Wenn Werther behauptet, Lotte „wäre mit [ihm] glücklicher geworden als mit [Albert]" (S. 85, Z. 31 f.), so ist diese Behauptung zumindest in der Hinsicht richtig, dass aus Werthers Perspektive Agape, Erotik und Sexualität (s. o.) gleichermaßen seine Liebe zu Lotte bestimmen, wie es in einer ausgeglichenen Beziehung auch sinnvoll wäre.

Doch er schließt von seiner Gefühlswelt auch auf die Lottes, was sich als Fehldeutung erweist, und er verbleibt noch zu sehr in bürgerlichen Denkkategorien verhaftet, wenn er sich ausschließlich auf *eine* Angebetete festlegt; außerdem schaut er sich entweder nur unter seinesgleichen um, nämlich in der bürgerlichen Welt (Lotte), oder er sieht nach oben in der Ständeordnung, in die Welt des Adels, wenn er das Fräulein von B. schätzen lernt. Seine Vertreibung aus der adligen Gesellschaft (vgl. Brief vom 15. März 1772)

Werthers
bürgerliches
Bewusstsein

bringt auch die Distanzierung des Fräuleins von B. gegenüber Werther mit sich und stürzt ihn in eine tiefe Krise.

Auch seine Wunschvorstellung, mit seiner ersehnten Frau
„in seiner Hütte [...] in dem Kreise seiner Kinder und der
Geschäfte zu ihrer Erhaltung" (S. 31, Z. 29–31) zu leben,
verweist auf solch bürgerliches Denken. Da Lotte aber bereits annäherungsweise ein solches Leben mit Albert, ihrem
Gatten, führt, erweist sich Werthers Wunschbild als bloße
Illusion. Angesichts des gesellschaftlich Bestehenden erscheint es nämlich unmöglich, seine *alle* Dimensionen um-
fassende Liebe in ihrer Totalität zu realisieren – erst recht
nicht mit einer verheirateten Frau.

Werther und die Gesellschaft

Werther und die
Ständegesell-
schaft

Der Name „Werther" ist schon Programm, denn er lässt sich
ableiten von „Wert", was ursprünglich „Flussinsel" bedeutet.
Werther erhebt ja auch den Anspruch, eine „inselähnliche",
auf seine Selbstverwirklichung bezogene Existenz zu führen.
Solch ein Autonomiestreben hat jedoch keinen rechten Ort
in der dargestellten Gesellschaft. In ihr gelten nämlich die
klaren Strukturen der Ständeordnung, an deren Spitze nach
wie vor der Adel steht, auch wenn das Bürgertum zunehmend selbstbewusst wird, da es ökonomisch erstarkt und der
Wirtschaftsaufschwung auch einen Gesinnungsumschwung
mit sich bringt: Das Bürgertum etabliert aufklärerische Ideale
und versucht sich damit ein Stück weit zu emanzipieren (vgl.
„Der literarhistorische Kontext").

Werther kann sich die Kultivierung seiner eigenwilligen
Existenz, in der er sich intensiv mit Literatur, Kunst und
Natur beschäftigt, leisten, denn er ist finanziell relativ un-
abhängig, muss sich seinen Unterhalt zumindest nicht
zwingend durch Arbeit erwerben. Seine durchaus vermö-
gende Mutter unterstützt ihn, möchte ihn allerdings später
– im Sinne des bürgerlichen Arbeitsethos – „in Aktivität
haben" (S. 45, Z. 8).

Werther gibt schließlich dem Willen seiner Mutter und dem Rat seines Freundes Wilhelm nach und beginnt – wie so viele junge Männer aus dem Bürgertum – eine berufliche Tätigkeit im Dienste des Hofes. Dort muss er erleben, was Entfremdung bedeutet: Die emsige Geschäftigkeit und Pedanterie der höfischen Beamten, Konkurrenzkampf um Ämter und Anerkennung – all das erscheint Werther als groteske Welt, doch mit seiner Tätigkeit als Gesandtschaftssekretär ist er ein Teil davon: „Ich spiele mit, vielmehr, ich werde gespielt wie eine Marionette und fasse manchmal meinen Nachbar an der hölzernen Hand und schaudere zurück." (S. 75, Z. 7–10) Er nimmt seinen Abschied, da er von der adligen Welt zurückgewiesen wird: Für sie arbeiten darf er zwar, aber nicht an ihr teilhaben. Wenn man als Bürger bei Hofe Karriere machen will, muss man dies über sich ergehen lassen und sich damit abfinden. Doch Werther macht nicht mehr mit, er fühlt sich in seiner Freiheit eingeschränkt und zieht daraus die Konsequenz, zu kündigen. An seinen Freund schreibt er: „Bring das meiner Mutter in einem Säftchen bei, ich kann mir selbst nicht helfen, also mag sie sich's gefallen lassen, wenn ich ihr auch nicht helfen kann. Freilich muss es ihr wehtun. Den schönen Lauf, den ihr Sohn grad zum Geheimrat und Gesandten ansetzte, so auf einmal Halte zu sehen, und rückwärts mit dem Tierchen in den Stall." (S. 81, Z. 17–23)

Keineswegs dürfen Werthers Kündigung und seine kritischen Äußerungen gegenüber der Welt des Adels jedoch als Aufstand gegen die gesellschaftliche Ordnung insgesamt verstanden werden. Er schadet sich – im materiellen Sinne – nur selbst, stellt aber das System nie infrage, ist vielmehr bewusster Angehöriger der bürgerlichen Schicht; allerdings kritisiert er auch diese, wenn sie seinem individuellem Streben behindernd im Wege steht: „Was mich am meisten neckt, sind die fatalen bürgerlichen Verhältnisse. Zwar weiß ich so gut als einer, wie nötig der Unterschied

Integrationsversuche

Individualismus

der Stände ist, wie viel Vorteile er mir selbst verschafft, nur soll er mir nicht eben grad im Wege stehn, wo ich noch ein wenig Freude, einen Schimmer von Glück auf dieser Erden genießen könnte." (S. 73, Z. 1–6)

Fluchträume Fluchträume, die Werther sich erschafft, stellen zwar Gegenwelten zum Erfahrenen dar, sind jedoch keine ernst zu nehmenden Alternativen: Er sucht häufig Kontakt zu Kindern und zu einfachen Leuten, will in einen Zustand der Unschuld und Natürlichkeit zurückfinden (vgl. Brief vom 15. Mai 1771). In den Kindern sieht er – ganz im Sinne der aufklärerischen Pädagogik, die Jean-Jacques Rousseau in seinem Roman „Emile oder Über die Erziehung" vertreten hat – Individuen mit eigenem Willen: „[…] die unseresgleichen sind, die wir als unsere Muster ansehen sollten, behandeln wir wie Untertanen. Sie sollen keinen Willen haben! – Haben wir denn keinen? Und wo liegt das Vorrecht? – Weil wir älter sind und gescheuter?" (S. 33, Z. 18–22) Doch der Rückzug in die Welt der Kindheit kann nicht gelingen, denn Kind sein kann er nicht mehr. Die erlebte Zeit und auch die Narben, die sie hinterlassen hat, sind nicht rückgängig zu machen.

Auch die Idealisierung der gesellschaftlichen Unterschicht erweist sich als illusionär, denn das Leben der einfachen Leute ist durch überlebensnotwendige Arbeit bestimmt (vgl. Brief vom 17. Mai 1771), nicht von Natürlichkeit und Freiheit. Doch immerhin können sich die Angehörigen der unteren Schichten nicht schuldig machen, denn sie sind bloß die Unterdrückten des Systems.

Andere Bedeutung der zweiten Fassung des Romans Die zweite Fassung des „Werther"-Romans entwickelt (auch) an dieser Stelle eine *andere* Bedeutung, denn in ihr macht sich der einfache Mann, der Bauernbursche, schuldig: Er wird zum Mörder aufgrund seiner ungezügelten Leidenschaften. Da Werthers Schicksal mit dem des Bauernburschen parallelisiert wird (vgl. „Spiegelungen des Werther-Schicksals innerhalb des Romans"), werden indirekt auch Werthers Verstrickungen als aus eigener Schuld erwachsen bewertet. Die zweite Fassung des Romans als Werk der Klassik (vgl. „Der literarhistorische Kontext") vermittelt damit das Ideal der Mäßigung bzw. der Selbstbeherrschung; wer nicht darüber verfügt, wird zum (Selbst-)Mörder. Indem jedoch so dem Opfer der gesellschaftlichen Verhältnisse selbst Schuld zugesprochen wird, bleiben die Verhältnisse unverändert.

In der ersten Fassung des Romans wird hingegen der Untergang Werthers in hohem Maße durch die gesellschaftlichen Verhältnisse verursacht: Individualismus und Leidenschaftlichkeit sind im System nicht erwünscht, denn in der Welt des Adels werden solche Ansprüche als gefährlich empfunden und in der Welt des Bürgers als unklug. Die zweite Fassung des Romans relativiert diese Kritik an den Verhältnissen, indem sie Werther selbst ein höheres Maß an eigener Schuld an seinem Untergang zuspricht und damit das dargestellte System ein Stück weit bestätigt.

Gesellschafts-
kritik

Der Roman „Die Leiden des jungen Werthers" in der Schule

Der Blick auf die Figuren: Die Personencharakterisierung

Die Dreiecksbeziehung *Werther – Lotte – Albert*

Dreiecksbeziehung

Durch die Liebe Werthers zu Lotte ergibt sich zwangsläufig eine konfliktbeladene Dreiecksbeziehung:

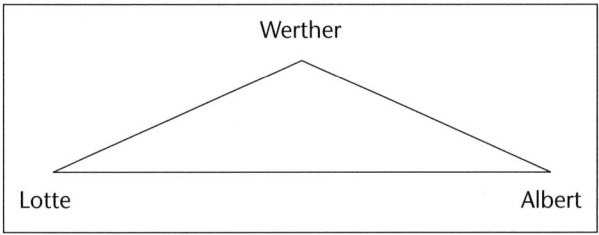

Werther

Lotte   Albert

Dynamische Entwicklung der Beziehung

Die angeführte Grafik vermittelt, dass sich das Verhältnis der Figuren zueinander in einer gewissen ausgeglichenen Statik darstellt. Darüber hinaus muss jedoch berücksichtigt werden, dass sich im Verlauf des Romans die Beziehungen der Figuren zueinander verändern. Zunächst versucht sich Werther in den Mittelpunkt zu rücken, indem er sich durch sein auffälliges Verhalten bemüht, Aufmerksamkeit zu wecken (vgl. S. 47, Z. 34 – S. 48, Z. 4). Dann intensivieren sich seine Annäherungsversuche an Lotte, wenn er sich z. B. bei dem Gespräch über Lottes verstorbene Mutter vor sie hinwirft, ihre Hände ergreift und diese mit Tränen benetzt; Lotte reagiert darauf durchaus entgegenkommend (vgl. S. 65, Z. 29 – 34). Doch dann verschiebt sich die Dreiecksbeziehung eher wieder in Richtung Albert. Als nämlich Lotte von

Lotte, Albert und Werther

der Zuversicht ihrer Mutter in Bezug auf das Glück von Lotte und Albert erzählt, fällt dieser ihr um den Hals und küsst sie – ein für seine Verhältnisse starker Gefühlsausbruch – und bestätigt damit den innigen Wunsch von Lottes verstorbener Mutter. Werther hingegen verliert fast die Besinnung (vgl. S. 66, Z. 19–22). Die Distanzierung gegenüber Werther setzt sich dann fort (vgl. S. 66, Z. 29–37). Schließlich ist die Dreiecksbeziehung auch auf der kommunikativen Ebene nachhaltig gestört, denn als sich Werther am Sonntagabend vor Weihnachten 1772 allein mit Lotte unterhält und dann Albert die Stube betritt, verhalten sich alle nach einer „frostigen" Begrüßung sehr „verlegen" (S. 106, Z. 30f.). Ein ausgeglichenes Gespräch kommt nicht mehr zustande. Am Schluss wird Werthers Anwesenheit von Albert gar als störend und moralisch verwerflich empfunden, wenn er Lotte unter Rücksichtnahme auf die Meinung der Leute weitere Treffen mit Werther untersagt (vgl. S. 103, Z. 15–19).

Anhand der Entwicklung der Dreiecksbeziehung kann somit die sich steigernde Entfremdung Werthers gegenüber den beiden Menschen, mit denen er am meisten (neben seinem Brieffreund Wilhelm) vertraut ist, erkannt werden.

Eine literarische Figur charakterisieren – Tipps und Techniken

Die Charakterisierung einer Figur ist ein wesentlicher Baustein zum Verständnis eines Erzähltextes. Gerade in Bezug auf den „Werther"-Roman ist diese Aufsatzart bedeutsam, denn über die Konzeption der einzelnen Figuren lassen sich literarhistorische Einblicke gewinnen (vgl. „Der literarhistorische Kontext") und die Figurenkonstellation kann in ihrer Bedeutungsstruktur wesentlich differenzierter erfasst werden (vgl. „Die Dreiecksbeziehung *Werther – Lotte – Albert*"). Eine Charakterisierung stellt zudem bereits eine aspektgeleitete Analyse des Romans dar. Dies bedeutet, dass alle wichtigen Aussagen am Text belegt werden müssen, auch unter Berücksichtigung der sprachlichen Besonderheiten.

Zur systematischen Gliederung der Einzelinformationen über eine Figur empfiehlt sich eine Anordnung vom Äußeren zum Inneren. Dabei kann die stichpunktartige Beantwortung der folgenden Fragen hilfreich sein, da auf diesem Wege eine Art Schreibplan entsteht. Bei jeder Frage gilt, dass die Antwort durch Zitate belegt werden muss.

- Handelt es sich um eine Haupt- oder um eine Nebenfigur und woran wird das deutlich?
- Was erfährt der Leser über das äußere Erscheinungsbild, über Alter, Geschlecht, Beruf und soziale Stellung der Figur?
- Welche Eigenschaften, Gewohnheiten, Verhaltensweisen und Einstellungen zeigt die Figur?
- Wie wird diese Figur durch andere Figuren eingeschätzt?
- Welche Beziehungen zu anderen Figuren des Textes werden deutlich? Inwiefern nimmt die zu charakterisierende Figur Einfluss auf die Lebensgestaltung anderer Figuren?
- Inwiefern verändert sich die zu charakterisierende Figur im Verlauf der Handlung? Welche Handlungselemente sind in Bezug auf diese Veränderungen wichtig?

Auf der Basis eines solchen Schreibplans folgt die Abfassung des Aufsatzes. Dabei beginnt man – wie bei jedem Analyseaufsatz – mit einem Einleitungsteil, in dem folgende Informationen enthalten sein müssen: **T**itel des zu behandelnden Textes, **A**utor, **T**extsorte, **T**hema **(TATT)**.
Dann werden die analytischen Einzelbeobachtungen in der oben angegebenen Reihenfolge dargelegt und mit Zitaten belegt. Hierbei sind sowohl die sprachliche Gestaltung der Zitate zu beachten als auch der Kontext, in dem die Formulierung auftritt. Denn je nach Kontext kann eine Äußerung/eine Verhaltensweise eine andere Bedeutung haben. Dieser Zusammenhang kann im Rahmen einer Charakterisierung der Figur Lottes anhand des berühmten „Klopstock"-Zitats deutlich gemacht werden:

Zitat:	➞	Kontext:	➞	Analyse der Charaktereigenschaft:
„Klopstock!" (S. 29, Z. 28)	➞	Werther und Lotte stehen in einer intimen Situation am Fenster, Lotte sieht Werther an, ihre Augen sind „tränenvoll" und sie legt ihre Hand auf Werthers Hand; Werther muss daraufhin ebenfalls weinen und küsst ihre Hand.	➞	Lotte erscheint als empfindsame Person in einem doppelten Sinne, da sie zum einen die erotische Spannung der Situation erfasst und zum anderen mit dem Hinweis auf den Dichter eine Deutung der Szene als Moment der innigen Verbundenheit nahelegt. Die Interpunktion unterstreicht die Emotionalität der Szene.

Am Schluss der Charakterisierung zieht man ein kurzes Fazit, indem man die Bedeutung der Figur für die Handlung insgesamt erläutert. Hier kann man ggf. auch literarhistorische Aspekte mit einbeziehen.

Die folgenden Kurzcharakterisierungen einiger ausgewählter Figuren des Romans können zur ersten Orientierung und zur Abfassung einer differenzierten Charakterisierung hilfreich sein.

Übungsvorschlag:
Verfassen Sie auf der Grundlage einer der folgenden Kurzcharakterisierungen eine ausführliche Charakterisierung einer Figur Ihrer Wahl. Orientieren Sie sich dabei an den oben genannten „Tipps und Techniken".

Werther

Werther, geboren an einem 28. August, ist ein sehr sensibler junger Intellektueller aus dem gehobenen Bürgertum
des 18. Jahrhunderts. Er kleidet sich gern mit blauem Frack
und gelber Weste (vgl. S. 87, Z. 15, Z. 19), verfügt über
vielfältige geisteswissenschaftliche Kenntnisse, was u.a.
durch seine Lektüre deutlich wird, denn er liest den griechischen Text von Homers „Odyssee" (vgl. S. 11, Z. 4;
S. 61, Z. 1) und die Ossian-Gesänge (vgl. S. 41, Z. 13;
S. 89, Z. 19ff.; S. 111–118).

Äußeres Erscheinungsbild

Während die Lektüre des griechischen Dichters Homer –
besonders im altgriechischen Originaltext – darauf hinweist, dass Werther über die klassische humanistische Bildung verfügt, zeigt seine Begeisterung für die Ossian-Dichtungen, dass er auch das literarische Interesse seiner
Zeitgenossen teilt, denn in dieser Zeit begeisterte man sich
für die mythischen Gesänge des gälischen Dichters Ossian.
Dass sich diese Dichtungen später als Fälschungen heraus-
stellten, bleibt Werther und seinen Zeitgenossen noch ver-
borgen (vgl. „Inhalt, Aufbau und erste Deutungsansätze"
– Kommentar zu den Briefen aus dem Oktober 1772).

Werthers Lektüren

Er ist weitestgehend frei von sozialen Verpflichtungen und
persönlichen Bindungen; nur zu seiner Mutter – sein Vater
wird nie erwähnt – hat er gelegentlich Kontakt, unterhält
zu ihr jedoch ein eher distanziertes Verhältnis (vgl. S. 45,
Z. 7–9). Anfangs muss er offensichtlich nicht selbst für seinen Lebensunterhalt aufkommen, sodass er viel Zeit hat,
sich mit Malen, Lesen, Briefschreiben, Spazierengehen usw.
zu beschäftigen. Bei seinen Wanderungen wird deutlich,
dass er naturbegeistert ist und die Natur sogar pantheistisch[1] überhöht (vgl. S. 9, Z. 9 – S. 10, Z. 6). Zu Kindern hat
er ein ausgesprochen gutes Verhältnis (vgl. S. 18, Z. 16 –

Verhältnis zu den Mitmenschen und zur Natur

---

[1] pantheistisch: Gott und Welt werden als eine Einheit angesehen

S. 19, Z. 12). Seine Einschätzung der Natur und sein Umgang mit seinen Mitmenschen sind jedoch stark von seiner Gemütslage abhängig. Er strebt bedingungslos nach Selbstverwirklichung und verstößt darum oft gegen gesellschaftliche Konventionen, wenn er seinen Gefühlen freien Lauf lässt.

Einstellungen und Verhaltensweisen

Das macht ihn für den Grafen C. oder auch für Albert einerseits zu einem interessanten Gesprächspartner, andererseits kommt es dadurch auch zu Konflikten, etwa mit dem Gesandtschaftssekretär (vgl. S. 76, Z. 2–8). Besonders deutlich wird dies, als er bei einem Empfang beim Grafen den Kreis der Adligen verlassen muss, da sie die Anwesenheit eines Bürgerlichen in ihren Reihen nicht dulden (vgl. S. 77, Z. 7 ff.). Der junge Mann empfindet diese Erfahrung mit den Standesschranken als Demütigung und kündigt seinen Dienst bei Hofe (vgl. S. 82, Z. 1–13).

Konflikte mit der Welt des Adels und des Bürgertums

Er gerät nicht nur mit der feudalen Ständeordnung in Konflikt, sondern grenzt sich auch zunehmend gegenüber seiner eigenen bürgerlichen Schicht ab, weil er deren Liebesverständnis und Lebensstil nicht für sich akzeptieren kann (vgl. S. 35, Z. 28 ff.). Er sieht durch die christlich-bürgerlichen Moralvorstellungen seinen Drang nach Selbstverwirklichung behindert. Gleichwohl sehnt er sich nach einer intensiven Liebesbeziehung und familiärer Geborgenheit (vgl. S. 31, Z. 29–32).

Liebe zu Lotte

Er ist daher also weder mit sich selbst noch mit der Gesellschaft im Reinen, meint aber in Lotte, die er bei einem Ball kennengelernt hat, eine Frau gefunden zu haben, mit der er glücklich werden kann, da er den Eindruck hat, sie sei ihm seelenverwandt (vgl. S. 42, Z. 21–25). Die Tatsache, dass sie bereits verlobt ist, stört ihn nicht und er sucht immer häufiger Kontakt zu ihr.

Selbstmord

Doch als sie ihren Verlobten Albert schließlich heiratet (vgl. S. 76, Z. 27–32), nimmt Werthers Liebe zu ihr krankhafte Formen an und Suizidgedanken kommen in verstärktem

Maße auf, da Werther meint, sein Leben sei verwirkt (vgl. S. 107, Z. 21). Bei einer letzten Begegnung mit Lotte liest er ihr Passagen aus den Ossian-Dichtungen vor und küsst sie leidenschaftlich (vgl. S. 118, Z. 29–31). Doch als er erkennen muss, dass seine Leidenschaft unerfüllt bleiben wird, begeht er Selbstmord.

Lotte

Lotte ist neben Werther wohl die wichtigste Figur des Romans. In sie ist Werther verliebt, und diese Liebe zu ihr führt letztlich zu seinem Untergang.

Familiäre Situation

Lotte ist die älteste Tochter von neun Kindern des Amtmanns S. Sie kümmert sich nach dem Tod ihrer Mutter um den Haushalt ihres Vaters und versucht, ihren jüngeren Geschwistern die Mutter zu ersetzen. Mit großer Fürsorge und Freundlichkeit nimmt sie diese häuslichen bzw. familiären Aufgaben wahr (vgl. S. 22, Z. 7 – S. 23, Z. 20).

Wenn dafür Zeit bleibt, liest sie gerne und hat auch Freude an Spiel und Tanz (vgl. S. 24, Z. 6 ff.). Über Lottes Äußeres erfährt man, dass sie ein „schönes Frauenzimmer" sei, ein „Mädchen von schöner mittlerer Taille"; bei ihrer ersten Begegnung mit Werther trägt sie ein einfaches „weißes Kleid mit blassroten Schleifen" (S. 22, Z. 9 f.). Besonders fasziniert ist Werther von ihren „schwarzen Augen" (S. 40, Z. 22 f.), die mehrfach erwähnt werden. Sie selbst scheint sich ihrer Attraktivität nicht bewusst zu sein, obwohl bereits ein Mann, nämlich Heinrich, der Schreiber ihres Vaters, ihretwegen den Verstand verloren hat (vgl. S. 99, Z. 11 ff.).

Interessen und äußere Erscheinung

Lotte ist mit Albert verlobt und heiratet ihn im Frühjahr 1772 (vgl. S. 76, Z. 31 f.). Sie ist fest im christlichen Glauben verwurzelt. Dies wird besonders dann deutlich, wenn sie über ihre verstorbene Mutter spricht, denn sie glaubt an ein Leben nach dem Tod (vgl. S. 65, Z. 29 – S. 67, Z. 9). Sie stellt daher auch ihre Ehe mit Albert nie infrage.

Ehe mit Albert

Beziehung zu Werther

Lotte hat auch großes Verständnis für Werthers melancholisch gestimmte Innerlichkeit und seine Gefühlsausbrüche, obgleich sie ihn auch gelegentlich zurechtweist, er solle seine Leidenschaft zügeln (vgl. S. 93, Z. 11 ff.). Besonders über die gemeinsame Ossian-Lektüre, die sie mit Mitleid und Rührung erfüllt, erscheint sie mit Werther seelenverwandt. Als Werther sie küsst, zieht sie sich zurück, zu stark dominieren in ihr die bürgerlich-christlichen Wertmaßstäbe. Sie wird von Gewissensbissen gequält (vgl. S. 118, Z. 21 – S. 119, Z. 4).

Lottes Beteiligung an Werthers Selbstmord

Obwohl offensichtlich ist, dass Werther Selbstmord begehen will, hält sie ihn nicht davon ab, vielmehr kommt sie noch in die missliche Lage, dass Albert ihr aufträgt, Werthers Diener die Pistole auszuhändigen. So ist ausgerechnet sie es, die die Waffen indirekt an Werther weitergibt (vgl. S. 123, Z. 14 ff.). Werthers Selbstmord trifft sie so sehr, dass man um ihr Leben fürchtet.

Albert

Gesellschaftliche Position

Albert ist ein solider junger Mann aus dem aufgeklärten Bürgertum. Er ist sehr fleißig und beruflich viel beschäftigt. „[E]in Amt mit einem artigen Auskommen vom Hofe" hat er in Aussicht und er ist auch sonst sehr geschätzt und beliebt, da er auch von anderen als „sehr brave[r] Mann" bezeichnet wird, der in der Lage ist, Lottes schwierige familiäre Situation „in Ordnung" zu bringen (vgl. S. 50, Z. 1–4; S. 21, Z. 23 f.).

Einstellungen

Albert ist jedoch aufgrund seines beruflichen Engagements selten bei seiner Braut und späteren Ehefrau Lotte; dies scheint für ihn jedoch kein Problem darzustellen, da das Gefühlsleben für ihn nur eine untergeordnete Rolle spielt. Nur einmal, als deutlich wird, dass Lotte und er heiraten werden, gerät er „aus der Fassung" und küsst Lotte leidenschaftlich (vgl. S. 66, Z. 19 ff.). Sonst aber stellt er sich als Mann mit „Verstande" dar. Werther wirft ihm deswegen sogar einen „Mangel an Fühlbarkeit" vor (vgl. S. 56, Z. 11; S. 86, Z. 2).

Anderen Menschen – besonders Werther – gegenüber verhält er sich freundlich und rücksichtsvoll, was z. B. daran deutlich wird, dass er nichts dagegen hat, dass Lotte und Werther sich während seiner Abwesenheit treffen. Er scheint um Werthers Bewunderung bzw. Verliebtheit gegenüber Lotte zu wissen, meint aber offenbar, dass dies für seine Beziehung keine Gefahr darstellt, und schickt Werther sogar zu dessen Geburtstag ein Päckchen, in dem u. a. die „blassroten Schleifen" enthalten sind, die Lotte an ihrem Kleid bei der ersten Begegnung mit Werther getragen hatte (vgl. S. 60, Z. 23 ff.). Selbst später, als sich sein Verhältnis zu Werther zunehmend distanzierter gestaltet, zeigt Albert Verständnis für dessen aufgewühlte Gefühlswelt und verlässt sogar das Zimmer, als er bemerkt, dass Werther durch seine Anwesenheit bedrückt ist (vgl. S. 103, Z. 9).

Verhältnis zu anderen Menschen und zu Werther

Schließlich untersagt er seiner Frau allzu häufigen Kontakt mit Werther, weil er das schlechte Urteil der Leute fürchtet und wahrscheinlich auch merkt, dass er Lotte gegenüber ungehalten wird (vgl. S. 103, Z. 15 ff.). Bei Werthers Begräbnis ist er nicht anwesend, da er sich nicht dazu in der Lage fühlt; die tieferen Gründe dafür bleiben jedoch offen.

Wilhelm

Wilhelm ist der Adressat der Werther-Briefe. Er kommt aus ähnlichen bürgerlichen Verhältnissen wie Werther, denn er hat Verständnis für dessen Gedanken und scheint überhaupt mit dessen Interessen und Eigenarten bestens vertraut zu sein (vgl. S. 48, Z. 9 ff.). Er wird in den Briefen im Freundschaftston der Empfindsamkeit als Bruder und Schatz angeredet (vgl. S. 19, Z. 13). Wilhelm rät Werther sein Leben zu genießen, aber er meint durchaus auch (wie Werthers Mutter), dass dieser die Sekretärstelle beim Gesandten annehmen solle (vgl. S. 45, Z. 4 ff.).

Beziehung zu Werther

Eigenschaften Wilhelms klare Worte werden von Werther sehr geschätzt, denn er zeigt diesem ein „Entweder-oder" in Bezug auf die Möglichkeiten auf, mit Lotte zusammenzukommen, und Werther muss auch in Bezug auf die Stelle beim Gesandten anerkennen, dass Wilhelm seinen „wankenden Entschluss" bestimmt habe (vgl. S. 48, Z. 21 ff.; S. 62, Z. 30).

Der Blick auf den Text: Die Textanalyse

Einen Romanauszug analysieren – Tipps und Techniken

Die Aufsatzart der Erzähltextanalyse erfordert besondere methodische Voraussetzungen sowie ein hohes Maß an systematischer Gedankenführung. Damit die Analyseergebnisse nachvollziehbar und überprüfbar sind, ist eine genaue Arbeit am zu analysierenden Text selbst erforderlich. Dabei kann generell eine dreischrittige Vorgehensweise hilfreich sein:

- Angemessene Formulierung einer Beobachtung, z. B.:
  Werther bringt nunmehr seine zunehmende Entfremdung gegenüber der Natur zum Ausdruck:

- Nachweis der Beobachtung durch ein (direktes oder indirektes) Zitat:
  „Das volle, warme Gefühl meines Herzens an der lebendigen Natur, das mich mit so viel Wonne überströmte, das ringsumher die Welt mir zu einem Paradiese schuf, wird mir jetzt zu einem unerträglichen Peiniger, zu einem quälenden Geiste, der mich auf allen Wegen verfolgt." (S. 57, Z. 17–21)

- Deutung bzw. Bestimmung der Funktion dieser Beobachtung durch Beschreibung der sprachlichen Form unter Rückgriff auf Fachbegriffe:
  Dieser Satz folgt einer antithetischen Grundstruktur, denn zunächst werden die frühere und die gegenwärtige Naturwahrnehmung durch einen Tempuswechsel vom Präteritum zum Präsens gegenübergestellt. Anaphorische Formulierungen verweisen dabei auf die beiden verschiedenen Gefühlslagen (Relativpronomen „das" und Präposition „zu"):

Das Gefühl wird personifiziert, da der Erzähler ihm früher göttliche Eigenschaften zugeschrieben hat („zu einem Paradiese schuf") und es jetzt als „unerträglichen Peiniger" und „quälenden Geist" empfindet. Durch dieses Stilmittel wird also die Relevanz der Gefühlswelt für Werthers Persönlichkeit deutlich gemacht.

Diese drei Schritte müssen jeweils in einen sinnvollen Bezug zueinander gesetzt werden. Die aufgezeigte Vorgehensweise wird im Rahmen der Erzähltextanalyse besonders relevant bei der Analyse der sprachlichen Besonderheiten und der erzähltechnischen Gestaltung:

Sprachliche Besonderheiten können in folgenden Bereichen vorliegen:
- im Bereich der **Wortwahl** (z. B. auffällige Adjektive, Neologismen, Symbole, Metaphern, Personifikationen, Hyperbeln),
- im Bereich des **Satzbaus** (allgemein: Hypotaxen/ Satzgefüge, Parataxen/Satzreihen, Satzperioden, Ellipsen; konkret: z. B. Parallelismen, Anaphern, Chiasmen, Parenthesen),
- im Bereich des **Tempusgebrauchs** (Abweichungen vom Erzähltempus Präteritum, Tempuswechsel).

Bei der **erzähltechnischen Gestaltung** ist darauf zu achten, dass der Autor einen **Erzähler** wählt, der unterschiedliche Standpunkte und Blickwinkel in Bezug auf das Erzählte einnehmen kann:
- Man unterscheidet zunächst bei der **Erzählform** zwischen **Er-Form** (der Erzähler berichtet über andere und tritt selbst nicht als Figur auf) und **Ich-Form** (der Erzähler tritt selbst in Erscheinung und spricht von sich).
- Er kann aus zwei **Erzählperspektiven** erzählen: Kann der Erzähler in die Figuren hineinsehen, kennt also

deren Gedanken und Gefühle, so spricht der Erzähler aus der **Innensicht**; erzählt er nur das, was er von Äußerlichkeiten und Verhalten betrachtend wahrnehmen kann, spricht er aus der **Außensicht**.

● Außerdem kann beim **Erzählverhalten** unterschieden werden zwischen **neutralem** (der Erzähler stellt das Geschehen wie ein unsichtbarer Beobachter kommentarlos dar; ein solches Erzählverhalten liegt nur dann vor, wenn der Text ausschließlich in Dialogform geschrieben ist und keine übergeordnete Erzählinstanz feststellbar ist), **auktorialem** (der Erzähler kennt die Zusammenhänge und die Gedanken und Gefühle der Beteiligten, er kann Vergangenheit, Gegenwart und Zukunft überblicken und weiß durch Vorausdeutungen oder Kommentierungen des Geschehens mehr als die Figuren) und **personalem** Erzählverhalten (der Erzähler beschränkt sich auf die Sicht, die Gefühle und das Denken einer von der Handlung unmittelbar betroffenen Figur).

Erzählform, Erzählperspektive und Erzählverhalten können in folgenden Kombinationen auftreten:

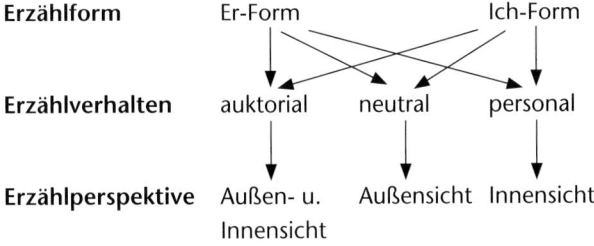

Erzählform	Er-Form		Ich-Form
Erzählverhalten	auktorial	neutral	personal
Erzählperspektive	Außen- u. Innensicht	Außensicht	Innensicht

Bei der Zeitgestaltung eines Erzähltextes unterscheidet man die **Erzählzeit** (Zeitspanne, die man zum Erzählen braucht) und die **erzählte Zeit** (Zeitspanne, die erzählt wird). Folgende Effekte können entstehen:

- **Zeitraffung:** Die Erzählzeit ist deutlich kürzer als die erzählte Zeit (z. B. 50 Jahre in 2 oder 3 Leseminuten).
- **Zeitdehnung:** Die Erzählzeit ist deutlich länger als die erzählte Zeit (z. B. durch Mitteilungen der Gedanken des Erzählers).
- **Zeitdeckung:** Erzählzeit und erzählte Zeit sind etwa gleich (z. B. bei wörtlicher Rede, beim Monolog oder Dialog).

Die vielen Einzelergebnisse der Analyse der sprachlichen und erzähltechnischen Gestaltung müssen strukturiert in Form eines Analyseaufsatzes dargelegt werden.

Der Aufbau des Aufsatzes richtet sich nach dem Aufgabentyp: Man kann eine **Linearanalyse** durchführen, indem man der Gliederung bzw. Struktur des zu analysierenden Textauszuges folgt. Dieses Vorgehen stellt sicher, dass der Textauszug äußerst genau untersucht wird; allerdings besteht die Gefahr, dass man sich in Einzelbeobachtungen verliert und eine schlüssige Gesamtdeutung vernachlässigt.

Die **aspektgeleitete Analyse** verfolgt bereits in der Aufgabenstellung vorgegebene oder vom Interpreten selbst festgelegte Deutungsschwerpunkte. Dieses Vorgehen ist besonders dann sinnvoll, wenn über die Aspektanalyse hinaus ein Vergleich mit einem anderen Text durchgeführt werden soll, da auf diesem Wege ein systematisches Vorgehen gewährleistet wird. Der Vergleich ist dann problemorientiert angelegt und übersichtlich strukturiert. Im Gegensatz zur Linearanalyse werden ferner nur diejenigen Deutungsaspekte berücksichtigt, die vorher festgelegt worden sind; andere Besonderheiten des Textes werden nicht berücksichtigt. Um allerdings die zu untersuchenden Deutungsaspekte fundiert zu analysieren, ist auch hier unbedingt auf die erklärte Dreischrittigkeit (s. S. 81 f.) zu achten!

Aufbau der Linearanalyse und aspektgeleiteten Analyse

Linearanalyse

Einleitung:
1. Einleitungssatz: **T**itel der bzw. des zu behandelnden Texte(s), **A**utor, **T**extsorte, **T**hema des (jeweiligen) Gesamttextes (**TATT**), ggf. Erscheinungsjahr des Werkes
2. Spezifisches Thema des vorliegenden Textauszuges bzw. der Textauszüge nennen und ggf. Einordnung in den unmittelbaren Handlungszusammenhang: Was geschah zuvor? Was geschieht danach?

aspektgeleitete Analyse

Hauptteil:
3. strukturierte Inhaltangabe des Textauszuges (Als *Vorarbeit* ist eine Gliederung des vorliegenden Textes in Sinnabschnitte mit Zwischenüberschriften hilfreich.)
4. Analyse der sprachlichen Besonderheiten und der erzählerischen Mittel (vgl. Hinweise oben); hierbei folgt man dem Aufbau des vorliegenden Textauszuges.

Hauptteil:
3. Erläuterung der vorgegebenen oder selbst gewählten Untersuchungsaspekte; beim Textvergleich sind hier beide Auszüge zu berücksichtigen.
4. Einzelanalyse bzw. -vergleich der in Schritt 3 benannten Aspekte:
– Nennen des jeweiligen Untersuchungsaspekts
– Kennzeichnung des inhaltlichen Zusammenhangs, in dem er relevant ist (beim Vergleich in beiden Textauszügen)
– Analyse der sprachlichen Besonderheiten bzw. der erzählerischen Darstellung des jeweiligen Aspekts (vgl. Hinweise oben)

Schluss:
5. kurze Zusammenfassung der Analyse- und ggf. Vergleichsergebnisse (keine Wiederholung!)
6. Bezug der Ergebnisse auf übergreifende Deutungszusammenhänge, z. B. auf den (jeweiligen) Roman insgesamt, auf den erzählgeschichtlichen, literarhistorischen, biografischen oder gesellschaftlichen Kontext
7. Wenn dies verlangt wird, kann sich eine eigene Beurteilung bzw. Bewertung anschließen.

Übungsvorschlag:
Verfassen Sie mithilfe der „Tipps und Techniken" zunächst selbst eine Linearanalyse zu Werthers Brief vom 10. Mai (S. 9–10). Vergleichen Sie dann Ihren Text mit dem Beispielaufsatz einer Schülerin. An welchen Stellen sind Sie anders vorgegangen? Welche zusätzlichen Anregungen und Einsichten können Sie der Beispielanalyse entnehmen?

Beispielanalyse des Briefes vom 10. Mai (linear)

Aufgabe: Analysieren Sie Werthers Brief vom 10. Mai unter besonderer Berücksichtigung sprachlicher Besonderheiten und der erzähltechnischen Gestaltung.

Einleitung Der vorliegende Text ist dem Briefroman „Die Leiden des jungen Werthers" entnommen, der 1774 von Johann Wolfgang Goethe geschrieben wurde. Anmerkungen eines fiktiven Herausgebers und Briefe des Protagonisten Werther bilden den Romantext. In den Briefen berichtet Werther seinem Freund Wilhelm von seinem Gemütszustand und seiner unglücklichen Liebe zu einer bereits verlobten Frau namens Lotte. Der Leser verfolgt außerdem die beschwerliche Identitätssuche des jungen Mannes, die letztendlich im Selbstmord endet. Der zu untersuchende Romanauszug umfasst den Brief vom 10. Mai 1771. Im zuvor abgedruckten ersten Brief an seinen Vertrauten Wilhelm geht Werther darauf ein, dass er sich erst seit Kurzem in einer ländlichen Gegend aufhält, um Erbschaftsangelegenheiten für seine Mutter zu regeln. Die Natur, insbesondere der Garten des verstorbenen Grafen von M., gefällt ihm besonders. In den folgenden Briefen erzählt Werther von seiner Beziehung zu der ländlichen Bevölkerung. Vor allem Kinder scheinen ihn zu mögen und er (als ein Bürger) scheint ebenfalls – trotz des Standesunterschiedes – zu den einfachen Leuten ein gutes Verhältnis zu entwickeln.

Im Brief vom 10. Mai sind vier Themenkomplexe dargestellt: Die Naturthematik, die Ausdrucksnot des Protagonisten, seine Religiosität sowie bereits ansatzweise die Verzweiflung, die er empfindet.

Hauptteil:

Zu Beginn des Briefes teilt Werther seinem Freund mit, wie gut es ihm geht und wie wohl er sich in seiner Umgebung fühlt: „Ich bin so glücklich, mein Bester" (S. 9, Z. 13 f.). Die Schönheit der Natur empfindet er als überwältigend: „das liebe Tal um mich dampft und die hohe Sonne [ruht] an der Oberfläche der undurchdringlichen Finsternis meines Waldes" (S. 9, Z. 18–20).

Inhaltliche Struktur des Briefes

Die Gedanken über die Schönheit der Natur münden in zwei Erfahrungen Werthers: Zum einen bestürzt ihn die unfassbare Schönheit, die er nicht wiedergeben kann: „Ich könnte jetzo nicht zeichnen" (S. 9, Z. 15 f.). Zum anderen besinnt er sich des christlichen Schöpfers. Er meint, „die Gegenwart des Allmächtigen" (S. 9, Z. 27) zu fühlen. Sein fester Glaube wird ersichtlich.

Werther vermengt seine Ausdrucksnot, die Naturthematik und seine religiöse Demut; er verbindet also Selbstreflexion, Gedanken, die seine konkrete Umwelt betreffen, und abstrakt-religiöse Vorstellungen miteinander. Die schrittweise aufgebaute Spannung findet ihren Höhepunkt im Schlussteil des Briefes, denn dort bringt Werther zum Ausdruck, dass er die unsagbare Schönheit der Natur nicht ertragen könne: „ich gehe darüber zugrunde, ich erliege unter der Gewalt der Herrlichkeit dieser Erscheinungen" (S. 10, Z. 4–6). Diese Art Verzweiflung steht im starken Kontrast zu der anfänglich dargestellten „Heiterkeit" (S. 9, Z. 9).

Werthers Gemütszustand wird auch in der stilistischen Ausarbeitung des Romanauszugs offenbar. Zu Beginn, wenn die Natur thematisiert wird, begrenzt sich seine Wortwahl hauptsächlich auf Worte mit positiven Nebenbedeutungen:

Sprachliche Besonderheiten

„wunderba[r]", „süßen Frühlingsmorgen", „glücklich"
(vgl. S. 9, Z. 9–13). Die Betrachtung der Natur erweckt
Werthers gute Laune, die sich in seiner Wortwahl wider-
spiegelt. Die Chronologie des Briefes legt nahe, dass
Werther zuerst die großen Abläufe in der Natur wahrnimmt
(vgl. S. 9, Z. 18–22). Am Ende seiner Beobachtungen kon-
zentriert er sich auf Kleinigkeiten, die zudem noch in Form
des Diminutivs dargestellt werden: „Mückchen" (S. 9,
Z. 26). So wird die zunehmende Vertrautheit zwischen
Werther und seiner Umgebung veranschaulicht. Er ist zufrieden und fühlt sich in der ländlichen Umgebung wohl:
„in dieser Gegend, die für solche Seelen geschaffen ist wie
die meine" (S. 9, Z. 12f.). Durch die häufige Verwendung
von Begriffen, die sich auf den Geistes- und Gemütszustand beziehen, wird Werther als sensibler Mann dargestellt. Er scheint zu einer beinah übertriebenen Betonung
des Gefühls zu neigen: „meine ganze Seele" (vgl. S. 9, Z. 9,
Z. 10, Z. 14). Der jeweilige Zusatz des Adjektivs „ganz"
bringt nämlich zum Ausdruck, dass die Natureindrücke seine Gefühlswelt vollständig erfasst haben. Er bemüht sich
um eine detaillierte Darstellung seiner Empfindungen und
bedient sich daher einiger Vergleiche: „gleich denen süßen
Frühlingsmorgen, die ich mit ganzem Herzen genieße"
(S. 9, Z. 10f.). Wenn Werther seine Sprachnot formuliert,
verwendet er ein Paradoxon: „Ich könnte jetzo nicht zeichnen [...] und bin niemalen ein größerer Maler gewesen"
(S. 9, Z. 15–17). Diese unlogische Formulierung weist auf
die Widersprüchlichkeit zwischen Selbsteinschätzung und
tatsächlichem Zustand hin: Werther meint sich nicht künstlerisch ausdrücken zu können, obwohl es ihm in diesem
Brief gelingt.

Der Übergang von der Naturthematik zum Aspekt der Religiosität verläuft fließend. Schon am Ende der vorherigen
Passage finden sich Worte, die auf transzendente Zusammenhänge hinweisen (vgl. S. 9, Z. 21). Der anaphorisch

anmutende Parallelismus, jeweils eingeleitet durch die unterordnende Konjunktion „wenn", unterstreicht Werthers Glauben. Er nennt Gott einen starken, fürsorglichen Schöpfer und beschreibt Gottes Wirken mit zwei Relativsätzen: „die Gegenwart des Allmächtigen, der uns all nach seinem Bilde schuf, das Wehen des Allliebenden, der uns [...] erhält" (S. 9, Z. 27–29).

Der letztendliche Stimmungsumschwung ist in der Syntax reflektiert. Zuerst reiht Werther euphorisch Sätze aneinander und stützt Nomen mit zahlreichen Attributen (vgl. z. B. S. 9, Z. 29 – S. 10, Z. 3). Dann vollzieht sich jedoch am Schluss des Briefes ein Umbruch vom hypotaktischen zum parataktischen Satzbau. Relativ knapp bilanziert Werther so seine Verzweiflung: „Aber ich gehe darüber zugrunde" (S. 10, Z. 4). Die Statik dieser Aussage erweckt den Eindruck einer Unabänderlichkeit des Gesagten. Werther stellt im vorliegenden Brief sein „Zugrundegehen" (vgl. S. 10, Z. 4) demnach bereits als unabänderliches Schicksal dar. Ihm scheint nicht bewusst zu sein, dass er zu Beginn des Briefes heiter aufgelegt war. Diese Fehleinschätzung seines Gemütszustandes ist neben der angeblichen Ausdrucksnot ein zweiter Widerspruch zwischen Inhalt und Darstellungsform.

Die Textsorte des Briefes bedingt einen Ich-Erzähler: Der Protagonist selbst schreibt die Briefe, in denen er einem Freund sein Innerstes offenbart. Der Ich-Erzähler spricht in personalem Erzählverhalten aus der Innensicht: „Ich bin so glücklich" (S. 9, Z. 13). In diesem Fall kann und darf nicht zwischen Figuren- und Erzählerbewusstsein getrennt werden. Wenn Werther davon überzeugt ist, sich nicht ausdrücken zu können, weist niemand den Leser auf die Absurdität dieser Aussage hin. Die übergeordnete Instanz des auktorialen Erzählers tritt im vorliegenden Brief also nicht in Erscheinung; somit ist der Leser dem Bewusstseinsstrom des Ich-Erzählers ausgeliefert.

Erzählerische Mittel

Es scheint, als habe Werther seine Gedanken ungefiltert niedergeschrieben. Bis auf den ersten Satz, der im Perfekt formuliert ist, verwendet der Erzähler das Präsens. Die Gegenwartsform unterstützt den Eindruck einer unmittelbaren Niederschrift. Die erzählte Zeit und die Erzählzeit decken sich daher. Die durch die Zeitdeckung authentisch wirkende Entfaltung des Gedankengangs spiegelt sich außerdem im thematischen Aufbau, in der Wortwahl und in der Syntax wider: Der Aufbau ist nicht konsequent, so spricht Werther erst von der Natur, dann von seiner Ausdrucksnot und greift erneut auf die Naturthematik zurück (vgl. S. 9, Z. 9–23). Auch der hypotaktische Satzbau ähnelt einer ungeordneten, nur assoziativ zusammenhängenden Akkumulation. Im Bereich der Wortwahl fließen außerdem Naturthematik und Spiritualität ineinander über (vgl. S. 9, Z. 20 f.).

Diese direkte Art des Erzählens hat mitreißenden Charakter. Wenn sich die fiktive Figur Werther an seinen Freund Wilhelm wendet, wendet sich der Ich-Erzähler im Sinne der literarischen Kommunikation auch direkt an den Leser. Werther entfaltet seine Gedanken und lässt den Leser direkt an seinem Denkprozess teilhaben. Man wird als Leser selbst in die Rolle des Adressaten und Freundes gedrängt. Daher empfindet der Leser Empathie für Werther oder identifiziert sich sogar mit dem emotionalen jungen Mann.

Schluss Der Brief vom 10. Mai gehört zur Exposition des Romans, in der die Figuren und ihre Beziehung zueinander sowie die Ausgangssituation vorgestellt werden. Man erfährt, dass sich der Protagonist in seiner neuen Umgebung wohlfühlt; sein bisher gewohntes Umfeld hat er erst kurz zuvor verlassen. Der Adressat Wilhelm erscheint als Werthers enger Vertrauter. Werther glaubt an das Ideal der Freundschaft und ist ein Mensch, der soziale Kontakte pflegt. Auf Grundlage des vorliegenden Briefes kann Werther als sensibler

Mann charakterisiert werden, der viel über sich und seine Fähigkeiten nachdenkt. Zudem ist er sehr emotional. Allerdings ist er höchst unbeständig in seinen Empfindungen: Er empfindet sowohl Freude als auch Trauer in leidenschaftlicher Art und Weise und deutet – im Sinne der literarischen Strömung der Empfindsamkeit ($\rightarrow$ s. dazu „Der literarhistorische Kontext") – diese Gefühle religiös.

Um seinem Herzen zu folgen, handelt er später allerdings auch wider gesellschaftliche Konventionen. Die direkte Darstellung seiner Gefühle und Gedanken wird durch nichts relativiert, da in den Briefen, die den Hauptteil des Romantextes bilden, kein umsichtiger Erzähler den jungen Protagonisten für seine übertrieben gute Laune, die sofort darauf in eine todunglückliche Stimmung umschlagen kann, kritisiert. Diese Emotionalität ist eigentlich ein Merkmal pubertären Verhaltens, also einer Lebensphase, in der der Charakter ausgeformt wird. Solche Stimmungsschwankungen erweisen sich später in der Situation der Verliebtheit für Werther als fatal, da er sie letztlich nicht mehr kontrollieren kann.

Auch heute werden die erste Liebesbeziehung und der erste Liebeskummer von vielen Jugendlichen als dramatische Stationen ihres Lebens wahrgenommen. Aufgrund ihrer geringen Lebenserfahrung können junge Menschen sowohl Freude als auch Leid nicht relativieren. Gefühle werden als unvergänglich betrachtet. Insofern ist Goethes „Werther" einerseits ein zeitloser (Jugend-)Roman, andererseits ein zeitgebundenes Werk, da in der literarischen Epoche des Sturm und Drang ($\rightarrow$ s. dazu „Der literarhistorische Kontext") die Darstellung der Gefühlswelt als Ausdruck der individuellen Freiheit im Mittelpunkt steht.

Zahlreiche zeitgenössische Leserinnen und Leser identifizierten sich mit der fiktionalen Figur Werther ($\rightarrow$ s. dazu „An die Leserin und den Leser"); einige bewiesen sogar ihre Seelenverwandtschaft, indem auch sie den Freitod wählten. Die Verbreitung des Romans musste in Leipzig im Jahr 1775 verboten werden. Der Briefroman sei ein direkter Aufruf zum Selbstmord. Seither bezeichnet auch der sogenannte „Werther-Effekt" die Nachahmung von literarischen Figuren. Dass die Leser nicht zwischen fiktivem Protagonisten und Realität trennen konnten, beruht auf Goethes entschieden personaler erzählerischer Darstellungsform. Auch der fiktive Herausgeber, der gelegentlich das Wort ergreift, verwischt die Grenzen zwischen Realität und Fiktionalität. Deshalb stellt Goethes Roman außerdem eine Neuerung in der Entwicklung der Erzählform dar (→ s. dazu „Übersicht II: Erzählgeschichtliche Aspekte").

Übungsvorschlag:
Lesen Sie den folgenden Auszug aus Robert Musils Roman „Die Verwirrungen des Zöglings Törleß" (s. S. 93 ff.) und Werthers Brief vom 10. Mai (S. 9–10). Notieren Sie sich anschließend mögliche Vergleichsaspekte.
Überprüfen Sie, inwieweit Sie Ihre Ideen in der von einer Schülerin verfassten aspektgeleiteten Analyse und dem Textvergleich wiederfinden bzw. ob Sie auf zusätzliche Gesichtspunkte aufmerksam geworden sind.

Beispielanalyse des Briefes vom 10. Mai (aspektgeleitet) und Vergleich mit einem anderen literarischen Text

> *Aufgabe: Analysieren Sie Werthers Brief vom 10. Mai und den vorliegenden Auszug aus Robert Musils Roman „Die Verwirrungen des Zöglings Törleß" und vergleichen Sie beide Textauszüge miteinander.*

Der österreichische Autor Robert Musil (1880–1942) veröffentlichte im Jahr 1906 den Roman „Die Verwirrungen des

Zöglings Törleß". Dieser Roman spielt in einem militärischen Internat, einer Kadettenanstalt, in der junge Männer ausgebildet werden. Der junge Törleß ist während dieser Internatszeit zahlreichen Verwirrungen ausgeliefert. Er denkt viel über sich selbst nach und sammelt auch erste erotische Erfahrungen. Als er mitbekommt, wie seine Mitschüler Reiting und Beineberg einen weiteren Mitschüler, Basini, gnadenlos quälen, ist er einerseits angewidert, andererseits empfindet er auch eine gewisse Lust daran, sodass er schließlich zum Mittäter wird. Als all diese Zusammenhänge aufgedeckt werden, muss Törleß das Internat verlassen.

Robert Musil: Die Verwirrungen des Zöglings Törleß (1906)

Von seinen Gedanken beschäftigt, war Törleß allein im Parke spazieren gegangen. Es war um die Mittagszeit, und die Spätherbstsonne legte blasse Erinnerungen über Wiesen und Wege. Da Törleß in seiner Unruhe keine
5 Lust zu weiterem Spaziergange hatte, umschritt er bloß das Gebäude und warf sich am Fuße der fast fensterlosen Seitenmauer in das fahle, raschelnde Gras. Über ihm spannte sich der Himmel, ganz in jenem verblichenen, leidenden Blau, das dem Herbste eigen ist,
10 und kleine, weiße, geballte Wölkchen hasteten darüber hin.
Törleß lag lang ausgestreckt am Rücken und blinzelte unbestimmt träumend zwischen den sich entblätternden Kronen zweier vor ihm stehenden Bäume hin-
15 durch. [...]
Und plötzlich bemerkte er, – und es war ihm, als geschähe dies zum ersten Male, – wie hoch eigentlich der Himmel sei.
Es war wie ein Erschrecken. Gerade über ihm leuchtete
20 ein kleines, blaues, unsagbar tiefes Loch zwischen den Wolken.

Ihm war, als müsste man da mit einer langen, langen Leiter hineinsteigen können. Aber je weiter er hineindrang und sich mit den Augen hob, desto tiefer zog sich der blaue, leuchtende Grund zurück. Und es war doch, 25 als müsste man ihn einmal erreichen und mit den Blicken ihn aufhalten können. Dieser Wunsch wurde quälend heftig.

Es war, als ob die aufs Äußerste gespannte Sehkraft Blicke wie Pfeile zwischen die Wolken hineinschleuderte 30 und als ob sie, je weiter sie auch zielte, immer um ein weniges zu kurz träfe.

Darüber dachte nun Törleß nach; er bemühte sich möglichst ruhig und vernünftig zu bleiben. „Freilich gibt es kein Ende", sagte er sich, „es geht immer weiter, fort- 35 während weiter, ins Unendliche." Er hielt die Augen auf den Himmel gerichtet und sagte sich dies vor, als gälte es die Kraft einer Beschwörungsformel zu erproben. Aber erfolglos; die Worte sagten nichts, oder vielmehr sie sagten etwas ganz anderes, so als ob sie zwar von 40 dem gleichen Gegenstande, aber von einer anderen, fremden, gleichgültigen Seite desselben redeten.

„Das Unendliche!" Törleß kannte das Wort aus dem Mathematikunterrichte. Er hatte sich nie etwas Besonderes darunter vorgestellt. Es kehrte immer wieder; irgendje- 45 mand hatte es einst erfunden, und seither war es möglich, so sicher damit zu rechnen wie nur mit irgend etwas Festem. Es war, was es gerade in der Rechnung galt; darüber hinaus hatte Törleß nie etwas gesucht.

Und nun durchzuckte es ihn wie mit einem Schlage, 50 dass an diesem Worte etwas furchtbar Beunruhigendes hafte. Es kam ihm vor wie ein gezähmter Begriff, mit dem er täglich seine kleinen Kunststückchen gemacht hatte und der nun plötzlich entfesselt worden war. Etwas über den Verstand Gehendes, Wildes, Vernichten- 55 des schien durch die Arbeit irgendwelcher Erfinder hi-

neingeschläfert worden zu sein und war nun plötzlich
aufgewacht und wieder furchtbar geworden. Da, in diesem Himmel, stand es nun lebendig über ihm und
⁶⁰ drohte und höhnte.
Endlich schloss er die Augen, weil ihn dieser Anblick so
sehr quälte.

Aus: Robert Musil, Die Verwirrungen des Zöglings Törleß, Hamburg ⁶²2008,
S. 87–89.

Der vorliegende Text ist dem Briefroman „Die Leiden des   Einleitung
jungen Werthers" entnommen, der 1774 von Johann Wolfgang Goethe geschrieben wurde. Anmerkungen eines fiktiven Herausgebers und Briefe des Protagonisten Werther
bilden den Romantext. In den Briefen berichtet Werther
seinem Freund Wilhelm von seinem Gemütszustand und
seiner unglücklichen Liebe zu einer bereits verlobten Frau
namens Lotte. Der Leser verfolgt außerdem die beschwerliche Identitätssuche des jungen Mannes, die letztendlich
im Selbstmord endet. Der zu untersuchende Romanauszug
umfasst den Brief vom 10. Mai 1771. Im zuvor abgedruckten ersten Brief an seinen Vertrauten Wilhelm geht Werther
darauf ein, dass er sich erst seit Kurzem in einer ländlichen
Gegend aufhält, um Erbschaftsangelegenheiten für seine
Mutter zu regeln. Die Natur, insbesondere der Garten des
verstorbenen Grafen von M., gefällt ihm besonders. In den
folgenden Briefen erzählt Werther von seiner Beziehung zu
der ländlichen Bevölkerung. Vor allem Kinder scheinen ihn
zu mögen und er (als ein Bürger) scheint ebenfalls – trotz
des Standesunterschiedes – zu den einfachen Leuten ein
gutes Verhältnis zu entwickeln.
Der Roman „Die Verwirrungen des Zöglings Törleß" wurde
von Robert Musil geschrieben und 1906 veröffentlicht. Das
Werk thematisiert soziale und philosophische Probleme der
Situation um 1900 am Beispiel des pubertären Militärschü-
lers Törleß.

Nicht nur aufgrund der ähnlich gestalteten Romantitel, in denen jeweils die Hauptfigur namentlich genannt wird, bietet sich ein Vergleich zwischen einem Brief aus Goethes „Die Leiden des jungen Werthers" und einer Textstelle des ungefähr 130 Jahre später entstandenen Romans an.

Hauptteil: Untersuchungs- bzw. Vergleichs- aspekte Werthers Brief vom 10. Mai kann mit der vorliegenden Parkszene des Musil-Romans zum einen inhaltlich ver- glichen werden, denn die jungen Protagonisten beider Texte beschäftigen sich mit der **Natur** und deuten sie in jeweils eigener Weise **religiös**; beide meinen ferner, ihre **Eindrücke nicht ausdrücken** zu können und zweifeln da- her an sich selbst. Zum anderen zeigt ein Vergleich der **er- zählerischen Gestaltung** der beiden Texte einen Perspek- tivewechsel bei der Darstellung der Figuren.

Einzelanalyse bzw. -vergleich: Naturdarstellung Die Natur wird von beiden Protagonisten als Rückzugsort betrachtet. Werther ist dort allein und kann so seinen Ge- fühlen Aufmerksamkeit schenken (vgl. Goethe, S. 9, Z. 9–15). Törleß sucht ebenfalls den Park auf, um ungestört nachzudenken: „Von seinen Gedanken beschäftigt, war Törleß allein im Park spazieren gegangen." (Musil, Z. 1 f.) Sowohl Werther als auch Törleß lassen sich hierzu auf einer Wiese nieder (vgl. Goethe, S. 9, Z. 21 f.; Musil, Z. 7). Im Gegensatz zu Werther, der die Natur als positiv empfindet, nimmt Törleß seine Umgebung als trostlos und einschüch- ternd wahr. Personifikationen implizieren, dass hinter der Natur eine unheimliche Kraft stehe: „Über ihm spannte sich der Himmel, ganz in jenem [...] leidenden Blau [...], und kleine, weiße, geballte Wölkchen hasteten darüber hin." (Musil, Z. 7–11) Der Prozess der Beobachtung zeigt wiederum Parallelen, denn bei beiden Figuren verändert sich die Wahrnehmung ihrer Umgebung. Werther beob- achtet erst nur die großen Abläufe in der Natur, bevor er sich auch in Kleinigkeiten vertieft. Am Ende seiner Beob- achtungen verliert er sich geradezu in der Vielfalt der For- men: „tausend mannigfaltige Gräschen mir merkwürdig werden" (Goethe, S. 9, Z. 22 f.). Auch Törleß' Verlangen, die unfassbare Unendlichkeit des Himmels begreifen zu können, steigert sich: „je weiter er hineindrang und sich mit den Augen hob, desto tiefer zog sich der blaue, leuchtende Grund zurück" (Musil, Z. 23 – 25).

Die Intensivierung der Naturbetrachtung verursacht so- Religiöse Aspekte
wohl bei Werther als auch bei Törleß religiöse Erfahrungen. Werther deutet die Schönheit der Natur noch pantheistisch als Zeichen des christlichen Schöpfers (vgl. Goethe, S. 9, Z. 27). Törleß' Geschichte hingegen spielt zu Beginn des 20. Jahrhunderts; der Fortschritt der Wissenschaft hatte die Welt zunehmend begreifbar gemacht. Häufig war man der Auffassung, man sei nicht mehr auf die höhere Instanz eines lenkenden Gottes angewiesen: Der Mensch schien doch selbst in der Lage, seine Umwelt zu bestimmen. Im Zeichen seiner Zeit begründet Törleß seine übersinnlichen Empfindungen daher nicht mit der Gegenwart eines höheren Wesens. Er versucht rational zu bleiben. Allerdings genügen ihm auch die wissenschaftlichen Definitionen der Unendlichkeit nicht; sie verkommen zu hohlen Erklärungsmustern und nehmen damit einen pseudoreligiösen Charakter an: „[Er] sagte sich dies vor, als gälte es die Kraft einer Beschwörungsformel zu erproben" (Musil, Z. 37 f.). Die Wissenschaft, die für ihn bisher als Mittel der Erkenntnis galt, das nicht von subjektiven Glaubensansätzen geprägt sei, bietet ihm also keine Sicherheit mehr (vgl. Musil, Z. 50 ff.).

Törleß findet zudem nicht die richtigen Worte, seine Sicht Sprach-
der Dinge auszudrücken. Er beklagt, dass die Begriffe nicht problematik
in der Lage seien, die emotionale Komponente und ganze Bedeutung seiner Empfindungen zu vermitteln: „die Worte [...] sagten etwas ganz anderes, so als ob sie zwar von dem gleichen Gegenstande, aber von einer [...] gleichgültigen Seite desselben redeten" (Musil, Z. 39 – 42). Da er das, was ihm so offensichtlich scheint, nicht ausdrücken kann, ver-

zweifelt er: „Da, in diesem Himmel, stand es nun lebendig über ihm und drohte und höhnte." (Musil, Z. 58–60) Werther meint ebenfalls, an einer Ausdrucksnot zu leiden. Er fürchtet sich nicht verständlich machen zu können, obwohl es ihm in seinem Brief gelingt. Er schätzt seine Geschicklichkeit falsch ein: Er zweifelt so sehr an seinen Fähigkeiten, dass er glaubt, zugrunde zu gehen (vgl. Goethe, S. 10, Z. 4–6).

Erzählerische Mittel — Der Leser meint, in der Darstellungsform müsse ein logischer Fehler vorliegen: Wenn Werther seine Ausdrucksmöglichkeiten infrage stellt, hinterfragt sich zugleich die Instanz des Ich-Erzählers. Dem Erzähler gelingt es doch offensichtlich, einen ganzen Roman zu formulieren. Der Ich-Erzähler ist allerdings von personalem Erzählverhalten geprägt. Beide Perspektiven der Innen- und Außensicht sind von der Sichtweise des Protagonisten bestimmt. Goethe setzt die erzählerischen Mittel so ein, dass der Leser nicht zwischen Erzähler- und Figurenbewusstsein trennen kann. Die Gedanken und Empfindungen werden im Romanverlauf kaum relativiert, denn auch die Kommentare des fiktiven Herausgebers kritisieren Werther nicht für seine Selbstzentriertheit, sondern bekunden ebenfalls Mitleid mit dem unglücklichen Mann. Der Leser neigt daher dazu, Werthers Leiden nachzuempfinden und sie, wie es die fiktive Figur handhabt, als unüberwindbar zu verstehen (→ s. dazu „Übersicht II: Erzählgeschichtliche Aspekte").

Der Roman „Die Verwirrungen des Zöglings Törleß" sind in der Er-Form dargestellt. Es wird aus beiden Erzählperspektiven erzählt, wobei sich der Erzähler weitestgehend auf die Innensicht des Protagonisten beschränkt. In der vorliegenden Parkszene weisen die Correctio (vgl. Musil, Z. 39 f.) und assoziative Reihungen darauf hin, dass Törleß' Bewusstseinsstrom direkt wiedergegeben wird. Wie die Figur um richtige Formulierungen ringt, reiht auch der Erzähler substantivierte Partizipien aneinander: „Etwas über den Verstand Gehendes, Wildes, Vernichtendes" (Musil, Z. 54–56). Wie Werthers Briefe Produkt einer flüssigen Niederschrift seiner momentanen Gedanken sind, scheint auch Törleß' Bewusstsein in annähernder Deckung von erzählter Zeit und Erzählzeit dargestellt zu sein. Doch tritt auch ein übergeordneter Erzähler in der Parkszene auf, wenn zu Beginn Raum und Zeit dargestellt werden (vgl. Musil, Z. 2). Zudem fallen einige relativierende Formulierungen auf: „und es war ihm [Törleß], als geschähe dies zum ersten Male" (Musil, Z. 16f.). Der auktoriale Erzähler bewertet also das Dargestellte und die Er-Form unterstützt, dass der Leser eine distanziertere Haltung gegenüber der Hauptfigur Törleß einnimmt. Zu bemerken, dass Törleß' Gedanken immer nur um sich selbst kreisen, ist allerdings Aufgabe des eigenständig denkenden Lesers. Zu erkennen, dass die Gedanken inhaltslos und oftmals grotesk sind, wird gerade durch die vollständige Darstellung des Bewusstseins möglich.

Die Figuren Törleß und Werther haben viele parallele Anlagen. Beide Figuren befinden sich auf einer (pubertären) Sinnsuche und sehen sich in ihrer Krise mit ähnlichen Fragestellungen konfrontiert. Um die unfassbaren Aspekte der Natur erklären zu können, bemühen sie Ideen ihrer Zeit: Werther glaubt Gott zu erkennen; Törleß versucht sich an wissenschaftliche Ansätze zu halten. Gewichtet man die Stufen ihrer Verzweiflung, so könnte man glauben, Törleß, der weder überzeugter Christ ist noch den Wissenschaften vertraut, sei halt- und hilfloser als Werther. Im Hinblick auf den gesamten Romanverlauf gelingt es Törleß aber, seine Krise zu überwinden und gestärkt aus ihr hervorzugehen. Werther hingegen erliegt letztlich seiner Verzweiflung. Der Brief vom 10. Mai stellt nur den Beginn seiner Leiden dar, die ihn dazu bewegen, sich das Leben zu nehmen. Die Dramatik seiner Situation wird von der erzählerischen Gestaltung antizipiert (s. o.). Werthers Bewusstsein wird in der

Schluss

Ich-Form direkt, ohne emotionale oder zeitliche Distanz dargestellt und nicht hinterfragt. Törleß hingegen wird von einem versteckten, doch stets anwesenden auktorialen Erzähler kritisiert.

Musil schrieb somit keinen Roman, der zur Nachahmung des Protagonisten aufruft, sondern den aufmerksamen Leser zur kritischen Hinterfragung einlädt. Goethes Hauptfigur zu hinterfragen, fällt dem Leser aufgrund des stark personalen Erzählverhaltens schwer. Der „Werther"-Roman betont im Geiste der Empfindsamkeit bzw. des Sturm und Drang das individuelle Gefühl, insbesondere das Leid (s. o.); Musils „Törleß" als ein Roman der Zeit um 1900 demonstriert anhand des jugendlichen Protagonisten die psychischen und historisch-gesellschaftlichen „Verwirrungen" der Jahrhundertwende.

Der Blick auf das Abitur: Themenfelder

In diesem Kapitel werden Ihnen Hilfestellungen zur Vorbereitung auf eine Klausur bzw. auf schriftliche und mündliche Abiturprüfungen zu Goethes „Werther"-Roman gegeben.

Zur methodischen Klausurvorbereitung im engeren Sinne sei an dieser Stelle auf das Kapitel *„Der Blick auf den Text"* (S. 81 ff.) hingewiesen; insbesondere die dort angeführten Hinweise zum Vergleich eines Romanauszugs mit anderen literarischen Texten können Ihnen auch bei der Vorbereitung mündlicher Prüfungen helfen, da in solchen Zusammenhängen nicht nur eine genaue Kenntnis des „Werther"-Romans, sondern auch ein vernetztes literaturgeschichtliches Wissen vorausgesetzt wird. Die schriftliche wie mündliche Darbietung der literaturgeschichtlichen Zusammenhänge kann durch eine zuvor durchdachte vergleichende Analyse wesentlich systematischer erfolgen.

Sofern Sie die vorliegende Lektürehilfe bis zu dieser Stelle gelesen haben, können Ihnen die nachfolgenden schematischen Übersichten die Wiederholung und Vertiefung des Gelesenen erleichtern, indem sie

- die wesentlichen Themen und Deutungsaspekte in Bezug auf den Roman als Lernorientierung veranschaulichen,
- den Roman als Erzähltext gattungsbezogen differenziert erfassen und
- Anregungen zur weiterführenden bzw. vergleichenden Lektüre vermitteln.

Übersicht I: Relevante Themen des Romans

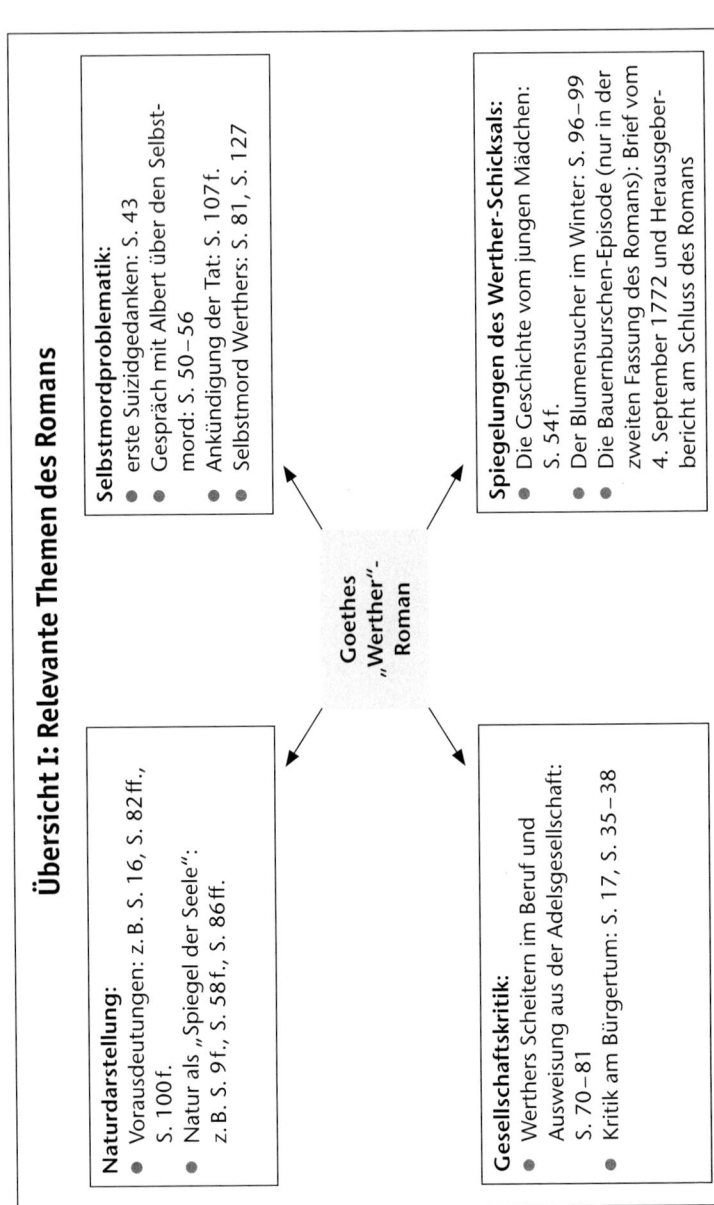

Selbstmordproblematik:
- erste Suizidgedanken: S. 43
- Gespräch mit Albert über den Selbstmord: S. 50–56
- Ankündigung der Tat: S. 107f.
- Selbstmord Werthers: S. 81, S. 127

Spiegelungen des Werther-Schicksals:
- Die Geschichte vom jungen Mädchen: S. 54f.
- Der Blumensucher im Winter: S. 96–99
- Die Bauernburschen-Episode (nur in der zweiten Fassung des Romans): Brief vom 4. September 1772 und Herausgeberbericht am Schluss des Romans

Goethes „Werther"-Roman

Naturdarstellung:
- Vorausdeutungen: z. B. S. 16, S. 82ff., S. 100f.
- Natur als „Spiegel der Seele": z. B. S. 9f., S. 58f., S. 86ff.

Gesellschaftskritik:
- Werthers Scheitern im Beruf und Ausweisung aus der Adelsgesellschaft: S. 70–81
- Kritik am Bürgertum: S. 17, S. 35–38

Übersicht II: Erzählgeschichtliche Aspekte

Wer wem was wie erzählt, das charakterisiert die Relation des Erzählens „erzählen".

Es gibt drei Kategorien des Erzählens:
– projektiv (Bemühung um Definition eines Standortes innerhalb des Bestehenden),
– kritisch (Hinterfragen eines Standortes mit dem Ziel der Weiterentwicklung innerhalb des Bestehenden),
– analytisch (Suche nach einem neuen Standort außerhalb des Bestehenden).

	Wer	Wem	Was	Wie
projektiv	Ein auktorialer Erzähler bietet das Erzählte dar.	Der fiktive Leser wird als Allianzpartner gewonnen.	Der gewählte Stoff repräsentiert bereits das Neue.	Alles ordnet sich dem Entwurf unter (konstruktiv).
kritisch	Einzelne Motive/Figurenperspektiven stören die Auktorialität.	Der fiktive Leser erhält Freiräume gegenüber der gesetzten Norm.	Der gewählte Stoff enthält Aspekte, die über ihn hinausweisen.	Es wird durch die Darbietungsweise auf Lücken im Entwurf hingewiesen (relativ).
analytisch	Einzelne Motive/Figurenperspektiven zerstören die Auktorialität.	Der fiktive Leser wird aus der Identifikation ganz herausgedrängt und so befreit.	Der gewählte Stoff wird als veraltet angesehen, aus ihm werden nur die Widersprüche herausgestellt, die diese Materialbasis zu sprengen versprechen.	Nichts lässt sich mehr dem Entwurf unterordnen (dekonstruktiv).

Die Einteilung soll keine festgeschriebene Ordnung darstellen, sondern als Orientierungshilfe dienen: Das jeweils Besondere der einzelnen literarischen Werke lässt sich damit innerhalb der Erzählgeschichte differenzierter beschreiben und interpretieren. Dabei kann die Übersicht durchaus als „Setzkasten" betrachtet werden.

Der „Werther"-Roman stellt insofern einen erzählgeschichtlichen Grenzfall dar, als (besonders in der ersten Fassung) die Auktorialität des fiktiven Herausgebers in einem erheblichen Spannungsverhältnis zur Personalität der Werther-Figur steht (s. dunkelgraue Flächen): projektives und kritisches Erzählen konkurrieren also miteinander (vgl. dazu auch die „Beispielanalysen").

Eine gute Wiederholung vor der Abiturprüfung besteht außerdem darin, andere Romane, die Sie im Laufe der Oberstufe gelesen haben, ebenfalls mithilfe des Schemas erzählgeschichtlich zu beschreiben und Ihre Zuordnung damit zu begründen.

(In Anlehnung an: Gert Vonhoff, Erzählgeschichte. Studien zur erzählenden Prosa, Münster 2007, S. 7–12 und S. 45–56)

Übersicht III: Möglichkeiten des Vergleichs mit anderen literarischen Werken

Goethes „Werther"-Roman

Stoffbezogener Vergleich (Werther-Schicksal):
- J. M. R. Lenz, „Der Waldbruder" (1776)
- U. Plenzdorf, „Die neuen Leiden des jungen W." (1973)
- H.-J. Ortheil, „Faustinas Küsse" (1998)
- R. Schami/U.-M. Gutzschhahn, „Der geheime Bericht über den Dichter Goethe" (1999)

Epochenbezogener Vergleich (gattungsübergreifend):
- G. E. Lessing, „Emilia Galotti" (1772): *Aufklärung/Drama*
- F. Schiller, „Die Räuber" (1781): *Sturm und Drang/Drama*
- F. G. Klopstock, „Dem Unendlichen" (1770): *Empfindsamkeit/Lyrik*
- J. W. Goethe, „Selige Sehnsucht" (1814): *Klassik/Lyrik*

Formbezogener Vergleich (mit anderen Briefromanen):
- S. von La Roche, „Geschichte des Fräulein von Sternheim" (1771)
- R. Huch, „Der letzte Sommer" (1910)
- W. Jens, „Herr Meister" (1963)
- R. Quadflieg, „Bis dann" (1994)

Motivbezogener Vergleich:
- R. Musil, „Die Verwirrungen des Zöglings Törleß" (1906): *Naturdarstellung, Sprachnot, Religiosität*
- T. Mann, „Lotte in Weimar" (1939): *Dimensionen der Liebe*
- P. Süskind, „Das Parfum. Die Geschichte eines Mörders" (1985): *Naturdarstellung, Sprachskepsis*

Internetadressen

Unter diesen Internetadressen kann man sich zusätzlich informieren:

www.deutsche-museen.de/show.php?myname=index&id
=2353&show_ref=yes&bundesland_id=9
(Lottehaus in Wetzlar)

www.goethehaus-frankfurt.de
(Goethes Elternhaus)

www.hamburger-bildungsserver.de/welcome.phtml?
unten=/faecher/deutsch/autoren/goethe/werther.html
(Erläuterungen und Materialien zum „Werther")

www.klassiker-der-weltliteratur.de/die_leiden_des_
jungen_werther.htm
(Inhalt und Figurenkonstellation des Romans)

www.klassik-stiftung.de
(Forschungsperspektiven zum Werk Goethes)

[Stand: 20.12.2010]

Literatur

Textausgabe:

Johann Wolfgang Goethe, Die Leiden des jungen Werthers, hrsg. von Johannes Diekhans, bearbeitet und mit Anmerkungen und Materialien versehen von Hendrik Madsen und Rainer Madsen, Schöningh Verlag, Paderborn [8]2009.

Weiterführende Literatur:

Ernst *Bloch,* Das Prinzip Hoffnung. Dritter Band, 1. Auflage, Frankfurt am Main 1973, S. 1144–1146.

Peter *Boerner,* Johann Wolfgang von Goethe, Reinbek bei Hamburg 1990.

H. Dieter *Burkert,* Schulwörterbuch zur Literaturwissenschaft, Essen 2000.

Manfred *Eisenbeis,* Lektürehilfen. Ulrich Plenzdorf: „Die neuen Leiden des jungen W.", 7. Auflage, Stuttgart 1998

Johann Wolfgang *Goethe,* Die Leiden des jungen Werthers. Synoptischer Druck der beiden Fassungen 1774 und 1787, hrsg. und eingeleitet von Annika Lorenz und Helmut Schmiedt, Paderborn 1997.

Johann Wolfgang *Goethe*, Die Leiden des jungen Werthers. Paralleldruck der beiden Fassungen, hrsg. von Matthias Luserke, Stuttgart 1999.

Edgar *Hein,* Johann Wolfgang Goethe: Die Leiden des jungen Werther, 2., überarbeitete und korrigierte Auflage, München 1997.

Karl *Hotz,* Goethes „Werther" als Modell für kritisches Lesen. Materialien zur Rezeptionsgeschichte, Stuttgart 1974.

Mario *Leis,* Lektüreschlüssel für Schüler: Johann Wolfgang Goethe: Die Leiden des jungen Werther, Stuttgart 2002.

Niklas *Luhmann,* Liebe als Passion. Zur Codierung von Intimität, Frankfurt am Main 1994.

Rainer *Madsen,* Geschichte der deutschen Literatur in Beispielen. Von den Anfängen bis zur Gegenwart, hrsg. von Johannes Diekhans, Paderborn 2004.

Michael *Rumpf,* Lektüre. Durchblick: Johann Wolfgang Goethe: Die Leiden des jungen Werther, 5. Auflage, München 2001.

Gert *Vonhoff,* Erzählgeschichte. Studien zur erzählenden Prosa, Münster 2007.

Gero von *Wilpert,* Sachwörterbuch der Literatur, 8., verbesserte und erweiterte Auflage, Stuttgart 2001.

Verfilmungen:

Die Leiden des jungen Werthers (DDR 1976), Regie: Egon Günther, Drehbuch: Helga Schütz

Werthers unglückliche Liebe (Spanien 1986), Regie: Pilar Miró, Drehbuch: Mario Camus und Pilar Miró

Le jeune Werther (Frankreich 1993), Regie und Drehbuch: Jacques Doillon

Goethe! (Deutschland 2010), Regie: Philipp Stölzl, Drehbuch: Alexander Dydyna, Christoph Müller, Philipp Stölzl

Nachbemerkung:

Katharina Bartke danke ich herzlich für die angenehme Zusammenarbeit bei der Erstellung der beiden Beispielanalysen im Kapitel „Der Blick auf den Text".